T0286077

Imprescindible la verdad

José Antonio Pérez Tapias

Imprescindible la verdad

Herder

Diseño de la cubierta: Toni Cabré

© *2022, José Antonio Pérez Tapias*
© *2022, Herder Editorial, S.L., Barcelona*

ISBN: 978-84-254-4820-1

Cualquier forma de reproducción, distribución, comunicación pública o transformación de esta obra solo puede ser realizada con la autorización de sus titulares, salvo excepción prevista por la ley. Diríjase a CEDRO (Centro de Derechos Reprográficos) si necesita reproducir algún fragmento de esta obra (www.conlicencia.com)

Imprenta: Qpprint
Depósito legal: B-8.745-2022
Impreso en España - Printed in Spain

Herder
www.herdereditorial.com

Índice

A mi nieto Tomás,
esperando que conozca un mundo
en el que la verdad de la justicia
se sobreponga al poder de la mentira

La verdad cuece vidas. ¿Quién la vio alguna vez sola en
[su maldición?
¿La muerte la conoce, vive allí en superficies sin reflejo?
¿No le importa el instante? ¿Espera bocas de belleza?
¿Tiene mares y selvas de humanidad desconocida?
[¿Cómo se baila a su compás?
¿Descansa alguna vez de la miseria que no la deja hablar?
En un soplo cultiva rostros por si acaso.

JUAN GELMAN, *Hoy* (CXVII)

Introducción
Ciertamente, la verdad nos hace libres

Si, sacrificando el afán de originalidad, esta introducción comienza comentando el tantas veces citado apólogo de Antonio Machado en el frontispicio de su *Juan de Mairena* es para señalar a partir de él un problema que nos ocupa y preocupa —es necesario el plural al tratarse de una cuestión ética y epistémica de relevancia social e incidencia política, pues nos afecta a todos—. Cualquiera puede recordar el dicho que recoge nuestro poeta, no por casualidad escrito como primera línea de su libro *filosófico*: «La verdad es la verdad, dígala Agamenón o su porquero». A ello sigue el asentimiento de Agamenón: «Conforme», yendo detrás las palabras del porquero manifestando su escepticismo, a pesar del papel que se le concede: «No me convence». Con tal quiebro, quien imagina escena como la que el poeta presenta tan sagazmente, enseguida cae en la cuenta de que el porquero no se fía, siendo así por buenas razones que a él no se le escapan: la verdad se puede sostener por interlocutores en pie de igualdad —la *isegoría* de los antiguos griegos—, porque, si no es así, estamos ante relaciones de poder que implican una asimetría y que impiden la libertad para la verdad y la verdad que libera. Donde hay dominio, mal puede asomar la verdad, aunque hay que reconocer que también ella tiene sus héroes.

El capítulo i, «La infamia de la posverdad o la destrucción cínica de la democracia», con el que se abren las páginas que siguen a esta introducción, parte, siguiendo con las líneas que cabe proyectar a partir del apólogo machadiano, de un temor fundado: el temor, si no constatación, de que nuestro problema sea, en una sociedad que además de cínica es posheroica, que nadie diga la verdad, ni Agamenón ni su porquero. No ocurre otra cosa en la dinámica a la que nos referimos cuando hablamos de *posverdad*. Produciendo mentiras, fabricando engaños, en el juego de una pervertida *racionalidad social* —si cabe utilizar esa expresión—, la verdad queda desplazada del horizonte epistémico de una cultura nihilista en la medida en que se asume que no interesa. Ya no es cuestión de que «la mentira ingeniosa o la tontería sutil» arrastre a millones de incautos, como aún podía criticar Juan de Mairena, sino que todo es dejarse atrapar por burdos mensajes que, entre titulares impactantes e imágenes manipuladas, bastan para construir performativamente una realidad en la que lo falso la impregna por doquier. Es así como en la sociedad de la *posverdad*, en la medida en que la verdad se ve barrida de la escena pública, debido a la fuerza de un poder que destruye la misma política y se impone como dominio a la sociedad, la convivencia democrática se hace imposible. La *posverdad* conlleva «la destrucción cínica de la democracia» y es ante la gravedad de dicha consecuencia que se hace imperioso acometer su crítica. La democracia necesita una *política de verdad*: le es necesaria como condición. Es imprescindible también por dignidad de ciudadanas y ciudadanos.

El capítulo 2, «Filosofía y política, verdad y justicia, en los momentos "fundacionales". Una mirada retrospectiva junto a Hannah Arendt», contando con que la verdad es indispensable para la convivencia entre humanos —nuestro mismo lenguaje, con su potencial comunicativo, está orientado hacia ella, siendo la mentira parasitaria de la verdad que quebranta—, tiene en cuenta que tal cuestión no es algo que solo nos planteemos ahora. Una mirada antropológica a las más diferentes culturas puede concluir que ninguna ha gravitado alrededor de la mentira

—frontalmente antagónica respecto a la verdad en un sentido más radical que el que supone el error—. Ni aquella «república de demonios» para la que Kant tenía que suponer en ellos una inteligencia que les capacitara para vivir juntos necesitaría, aunque fuera por mera utilidad pragmatista, alguna verdad. Y si Descartes tuvo que afrontar cómo salir del escepticismo que todo lo pone en duda, más perentorio y crucial es no dejarse atrapar por una mentira total que nos instale en la situación invivible de estar entre permanentes mentiras y a todas las bandas. El caso es que mucho antes de que llegara lo que hemos llamado *modernidad* —ahora la vemos como antecesora de su crisis *posmoderna*—, los griegos de aquellos momentos iniciales en los que entre ellos arrancó lo que reconocemos como filosofía abordaron la cuestión con enorme lucidez y coraje. Es por eso por lo que la correlación entre filosofía y política, o entre verdad y justicia, se la plantearon en torno a la cuestión de la verdad, clave para la vida de la *polis* y la formación de los ciudadanos para la misma. Entre la figura de Sócrates y el pensamiento del mismo Platón que nos la dio a conocer en sus diálogos, todo ello es asunto central en aquella época *fundacional* de la tradición filosófica de la que somos herederos. Volver la vista a ella para extraer de su legado la luz que pueda arrojar sobre nuestro presente es lo que pretende, de la mano de Arendt, el capítulo cuyo contenido ahora anticipamos, tratándose de páginas que tuvieron una versión previa en *Letral. Revista electrónica de Estudios Transatlánticos de Literatura*.[1]

El capítulo 3, «Audacia para la verdad como virtud republicana. Ciudadanía y opinión pública tras el declive de los *intelectuales*», despliega sus contenidos bajo la sombra de la figura de

---

1 J.A. Pérez Tapias, «Filosofía y política en los momentos "fundacionales". Una mirada retrospectiva junto a Hannah Arendt», *Letral. Revista electrónica de Estudios Transatlánticos de Literatura* 16, 2016, pp. 130-153, http://hdl.handle. net/10481/59009

Sócrates, que reclama un reconocimiento siempre merecido como encarnación de un quehacer filosófico irrenunciable; por supuesto, también en lo que tiene de audacia moral e intelectual para llevar las buenas razones de sus opiniones a la plaza pública. Por eso permanece como referencia imperecedera para todo lo que sea intervenir en el debate público, llevando a los foros en los que tiene lugar el *compromiso* que supone argumentar con buena retórica, sin merma alguna en cuanto a las exigencias de verdad que, incluso por razones de justicia, hay que mantener en discursos con pretensiones de incidencia política. De un tiempo a esta parte, desde la emergencia de las democracias burguesas frente a los regímenes absolutistas, en contextos de una sociedad civil pluralista y progresivamente ilustrada, donde se abrió el espacio para una opinión pública como cauce de expresión libre de ciudadanos que por él también hacen fluir lo que de soberanía portan, los llamados *intelectuales* han sido los que han ejercido esa tarea de llevar a la discusión del ágora la crítica y la propuesta respecto a lo que la acción política demanda. Para tal tarea, la fuerza de los argumentos, atravesando los intereses en liza, implica igualmente un *compromiso de verdad* del que depende la credibilidad que pueda tener en cada caso el discurso propio. La audacia, el coraje cívico, que dicho *compromiso de verdad* requiere es lo que han de poner en juego ciudadanas y ciudadanos cuando han de intervenir en las deliberaciones que por diferentes vías se llevan a cabo en el ámbito de la opinión pública, ejerciendo esa *función intelectual* que ya no es patrimonio solo de quienes pudieran ser reconocidos como intelectuales, máxime en tiempos en que se comprueba el declive de lo que antaño fue esa figura. En consonancia con la democratización más efectiva de la vida política, la democratización de la *función intelectual* coherente con ella ha de ser consecuente con los requerimientos éticos y epistémicos de discursos que pretenden sostener con poder de convicción las verdades que presentan. Para ahondar en todo ello, este capítulo reelabora y pone al día textos de la propia producción de este autor que en otros momentos vieron la luz, provenientes del capítulo «Filosofía y opinión pública» en la obra colectiva que coordinamos junto con Juan Antonio Estrada con el título *¿Para qué Filosofía?*,[2] así como de trabajos sobre ética y política ya avanzados en otro libro de cosecha propia como *Argumentos contra la antipolítica*.[3]

Por último, el capítulo 4, «Verdad y sentido en nuestras sociedades pluralistas. Alcance y límites de nuestros acuerdos», aborda una discusión a fondo sobre la verdad y sus diferentes sentidos, cuestión que no puede quedar orillada cuando el objetivo es dar razones de por qué es *imprescindible la verdad*. Diremos, parafraseando a Aristóteles, que la verdad se dice de muchas maneras, y es necesario clarificar de qué maneras se trata transitando desde los *sentidos de la verdad* hasta la *verdad del sentido*, esa verdad moral de máxima relevancia para la acción política y que es en definitiva la que entra en juego en nuestros acuerdos y la que, en su búsqueda, activa los disensos. Se puede entrever, por tanto, por qué es tan relevante para el diálogo intracultural, en especial para los diálogos interculturales, por completo inexcusables en nuestras sociedades pluralistas y de cada vez más densa diversidad cultural. Así pues, este último capítulo profundiza en los argumentos acerca de por qué y cómo sostener las verdades susceptibles de ser compartidas sobre la base de buenas razones, y todo ello frente al mercado de la *posverdad* y el cinismo que por él circula. Un anticipo de las cuestiones aquí tratadas, y ahora puestas al día tras mucho recorrido siguiéndoles la pista, fue el texto que, con el título «Alcance y límites de nuestros acuerdos. Verdad y sentido desde el pluralismo cultural»,

2   J.A. Pérez Tapias, «Filosofía y opinión pública», en J.A. Pérez Tapias y J.A. Estrada (coords.), *Para qué Filosofía*, Granada, Editorial Universidad de Granada, 1996, pp. 265-278.
3   *Id.*, *Argumentos contra la antipolítica*, Granada, Editorial Universidad de Granada, 2008.

aporté en su día a la obra coordinada por María José Frápolli y Juan A. Nicolás.[4]

Escribir sobre por qué es *imprescindible la verdad*, partiendo de la crisis cognitiva, moral y política que supone el fenómeno de la *posverdad*, obliga a abordar cuestiones sobre las cuales lleva, no solo siglos, sino milenios, reflexionando en torno a ellas la tradición filosófica a la que nos debemos. Ahora se acomete en un contexto nuevo, ante un fenómeno novedoso como es el de la *posverdad*, de manera tal que lo que hay que decir sobre la verdad no puede limitarse solamente a un discurso a la contra de la *posverdad*. Tengamos en cuenta que no buscamos respuestas solo a la cuestión sobre qué verdades nos interesan, también a la cuestión acerca de *qué verdades* se añade, o le subyace, como previa, la pregunta sobre *qué es la verdad*. Quien se adentre en las páginas que siguen encontrará como respuesta que la verdad, además de referirse a otras cuestiones, es prioritariamente una cuestión de justicia, verificándose como cierto que al responder a ella, poniendo de relieve la responsabilidad que en ello se activa, comprobamos que, ciertamente, la *verdad nos hace libres*. Con razón eso se afirma en el evangelio de Juan en el que a su vez lo demoníaco, eso que infecta el poder de dominio, es el «espíritu de la mentira».[5] Estamos convocados a enfrentar laicamente a ese maligno *espíritu de la mentira* en esta era de la *posverdad*, convencidos de que es «imprescindible la verdad».

* * *

Llegado el momento de los agradecimientos, vaya el mío dirigido a quienes han compartido conmigo tantas conversaciones, seminarios, debates, textos… sobre los temas que ocupan las

4   *Id.*, «Alcance y límites de nuestros acuerdos. Verdad y sentido desde el pluralismo cultural», en M.J. Frápolli y J.A. Nicolás (coords.), *Experiencia y verdad*, Granada, Comares, 1999, pp. 363-396.
5   Jn 8, 32. 44.

páginas que siguen: estudiantes, compañeras y compañeros de Departamento y de la Facultad de Filosofía y Letras de la Universidad de Granada, participantes en conferencias y congresos que tuvieron la amabilidad de escucharme, y hasta la familia, que tampoco se ve libre de conversaciones filosóficas en las horas más intempestivas. Extiendo mi agradecimiento a las personas que acogieron en distintas publicaciones las primicias de trabajos aquí retomados. Y cuentan con mis más sinceras palabras de gratitud la Editorial Herder, y muy en especial Miquel Seguró, compañero de fatigas filosóficas, por la hospitalidad brindada al incluir este libro en una de sus excelentes y siempre prometedoras colecciones.

1. La infamia de la *posverdad* o la destrucción cínica de la democracia

Pues amarga la verdad,
quiero echarla de la boca;
y si al alma su hiel toca,
esconderla es necedad.

FRANCISCO DE QUEVEDO

¿Qué versos dedicaría hoy a la *posverdad* aquel Quevedo que en sus tan conocidas y cantadas *Letrillas satíricas* iba así al grano de la verdad que en torno a la pobreza y el dinero no se puede ocultar? ¿Es la *posverdad* necedad de nuestro tiempo, contrasentido de nuestra cultura? ¿Qué es lo amargo que la dinámica de la *posverdad* elude para que su hiel no altere la indiferencia de tantas almas insensibles al dolor de tantos cuerpos? Podemos adelantar que, frente a quien con cinismo hace uso y abuso de la llamada *posverdad*, lo primero que hay que hacer es confrontarlo con la verdad factual de nuestro mundo, la cual no es otra que su radical injusticia. La mentira —de eso se trata, en definitiva, aunque se urda por los caminos de muy sofisticados engaños, cuando se utiliza la palabra «posverdad»— es alimentada por todo lo que oculta esa verdad de los hechos, de la filosofía a la política, pasando por la economía y la religión. Y con ese ocultamiento va una negación tal de las condiciones que hacen posible la política misma que la antipolítica así generada redunda en el sinsentido del nihilismo cultural que ampara el contrasentido de la *posverdad*. Es impostergable la denuncia ética —crítica filosófica— del autocontradictorio y perverso juego de la *posverdad* si queremos afianzar un *compromiso de verdad* como base de una política que merezca tal nombre y, en definitiva, el *sentido* que pueda fraguar en la convivencia entre humanos.

Posverdad: el contrasentido de una palabra fetiche para un mentir políticamente inducido

Al acometer el intento de ofrecer una definición de la *posverdad* nos enfrentamos al *contrasentido* que encierra una palabra que responde a un engañar mediático políticamente organizado. Cabe señalar de entrada que el término «posverdad» hace referencia a procesos sociales caracterizados por la producción sistemática de mentiras como proceso políticamente promovido, organizado y rentabilizado, contando con apoyo mediático y sirviéndose del soporte de las tecnologías de la información y la comunicación telemáticas, con intenso uso de las llamadas *redes sociales* con el fin de generar adhesiones a un líder político y al partido que encabeza, sirviéndose sobre todo de mensajes encaminados a movilizar las emociones de los individuos con el fin de lograr la pretendida identificación con los mensajes para ello difundidos.

Con la palabra «posverdad», por tanto, se designa una dinámica política que, desde un punto de vista normativo, puede calificarse de perversa por cuanto entraña un vicio presente de manera muy generalizada en la política contemporánea, implicando una distorsión de lo político que se muestra difícil de erradicar. El discurrir de la política, en un mundo que se presenta como edición corregida y aumentada de lo que Guy Debord analizó hace décadas como «sociedad del espectáculo», va acompañado de circunstancias en las que se incrementa la grave malformación que entrañan condiciones que empujan a la manipulación de las emociones, a la simplificación de los mensajes, a las adhesiones incondicionales y, como factor propulsor de todo ello, al desecho de la verdad, incluida la verdad respecto a los hechos, como valor de relevancia política.

La fuerte presencia en nuestras sociedades del fenómeno de la *posverdad* y la muy frecuente alusión a él hizo que en 2016 fuera declarada «palabra del año» por el *Diccionario de Oxford*, dando para ella la conocida definición que la presenta denotando «circunstancias en las que los hechos objetivos influyen menos en la formación de la opinión pública que los llamamientos a la emoción y a la creencia personal». Recogiendo el guante ante el reto de ofrecer igualmente una formulación del significado de «posverdad» en el *Diccionario de la lengua española*, en él se aborda el contrasentido que supone el neologismo en cuestión diciendo que dicha palabra alude a «información o afirmación en la que los datos objetivos tienen menos importancia para el público que las opiniones y emociones que suscita».

Con todo, las mencionadas entradas en ambos diccionarios para «posverdad» dejan entrever en lo que no dicen —o dicen a medias— el *contrasentido* que el mismo término lleva consigo por cuanto su carga semántica arrastra una especie de oxímoron condensado: el significante alude a un significado que con el mismo prefijo que conlleva —«pos»— niega la referencia a la verdad, a la vez que se mantiene la pretensión de que es verdad el abandono de la pretensión de verdad. Es contradicción en el término mismo, lo cual se explicita en el uso que se hace de él. Lo que se evidencia es que con entronizaciones del término como las citadas se *verifica* paradójicamente que para muchos en nuestros entornos culturales queda atrás la verdad como pretensión del discurso político, incluso como valor necesario —por lo menos en algún grado— para la convivencia social. Hablar de *posverdad* en tal sentido es decir que no interesa qué sea verdad: la verdad pasa a ser irrelevante.[1] Con todo, habrá que matizar, siguiendo la pista a la contradicción señalada, que bien recuerda la clásica paradoja del mentiroso, no llega a ser total el desinterés por la verdad, pues lo que se da es más bien un descarado interés por su manipulación.

Tal como se usa el término «posverdad», el significado que se deriva de su pragmática supone, por tanto, que no importa que nos movamos entre mentiras. Puesto que eso se asume conscientemente, tal consentimiento con el engaño promovido de modo expreso es rotunda exaltación del cinismo. Ciertamente, no todo mentir es cínico, en tanto se trate de un engaño en el que se mantenga la apariencia de verdad para que la mentira cumpla la función pretendida. Pero ahora, en el tiempo de la *posverdad*, la mentira no necesita ocultarse tras lo que pareciera verdad, sino que aspira sin empacho a ser difundida, aceptada, a entrar en el juego del engaño socialmente consentido.

Diríase, retomando fórmula de Oscar Wilde referida a la ficción artística,[2] que con el cinismo de la *posverdad* se verifica que se producen tan buenas mentiras porque «entrañan su propia evidencia» —de nuevo la paradoja: evidencia que incluso niega evidencias—. La contradicción, pues, no se trata de ocultar de ninguna manera, sino que forma parte de todo un *juego* perverso ponerla de relieve y hacer ostentación de ella. A ese engañar se presta, pues, una palabra que se utiliza simplificando su significado de manera que con ello se entra en no querer ver la complejidad del proceso al que hace referencia, cuando su sentido solo es inteligible arrojando luz sobre este último. Otros términos de la constelación semántica de «posverdad» nos ayudan en la tarea de precisar lo que significa.

Cualquier presentación de lo que «posverdad» denota quedaría incompleta si no se acompañara de la expresión que in-

1 Cf. L. McIntyre, *Posverdad*, Madrid, Cátedra, 2018, pp. 34 ss.
2 O. Wilde, *La decadencia de la mentira. Un comentario*, Barcelona, Acantilado, 2014, p. 9.

cluso le ha seguido en verse declarada palabra del año en 2017: *fake news*, «noticias falsas». Efectivamente, sumergirse de lleno en la dinámica de la *posverdad* requiere continuas dosis de noticias falsas, las cuales, por lo demás, no son falsas porque sean erróneas, sino porque de manera deliberada se producen como tales para distorsionar la realidad, encubrirla, reconfigurarla con otros trazos diferentes de cómo aparece, de forma que se imponga el sesgo cognitivo que marca una apariencia expresamente querida como engañosa.

No obstante, si la perversa lógica de la *posverdad* se sirve de noticias falsas —propiamente *no-noticias* si se considera desde una posición crítica respecto al contrasentido que supone el hecho mismo de hablar de *posverdad*—, paradójicamente es no solo por el mero hecho de mentir, sino, desde el engaño, por el afán de suministrar «verdades alternativas». Las «verdades» así llamadas —de suyo no portadoras de razones o acreedoras de contrastación empírica para ser aceptadas como tales—, pasan a ser difundidas por internet y compartidas en redes sociales por grupos convertidos en nichos de sectarismo, desde los cuales se pretenden erigir en referencias cognitivas para el cemento emocional que se quiere fabricar.[3]

Las «verdades alternativas» —denominándose así, por más que de forma mendaz, muestran que siguen siendo parasitarias del *valor verdad* que niegan, confirmando cómo en cierto modo «la mentira es lo más contiguo a la verdad»—[4] reclaman «hechos alternativos», es decir, la estafa cognitiva que supone el montaje de hechos falsos, como en su día denunció George Orwell.[5] Las llamadas *fake news* o el inventar noticias con apariencia de verdad con el propósito de intoxicar la opinión pública implican, como

3   M. Ferraris, *Posverdad y otros enigmas*, Madrid, Alianza, 2019, pp. 51 y ss.
4   P. Ricœur, *Historia y verdad*, Buenos Aires, FCE, 2015, p. 211.
5   G. Orwell, *El poder y la palabra. Diez ensayos sobre lenguaje, política y verdad*, Barcelona, Debate, 2017.

señala el profesor Pedro Cerezo, «un culto fraudulento a la verdad».[6] Tal invención es la que actualmente llevan a cabo, por ejemplo, los *negacionistas*, adalides de la *posverdad* para negar las verdades sostenidas desde las ciencias experimentales o acreditadas como tales desde la historiografía o desde las ciencias sociales, pero que no dejan de poner todo el énfasis en esos falsos «hechos alternativos» a los que remitir la organizada producción de la mentira al servicio de aquellos intereses que son —¡esos sí!— la tapada verdad de quienes manipulan masivamente a la sociedad por mor del poder que como dominio ejercen. Parece que la historia —¡nada de *poshistoria*, que forma parte de la mistificación ideológica en la que estamos!— nos sitúa de nuevo en un escenario en el que se presentan ciertas similitudes con aquel que desde aquella Europa que tanto le apasionó como le decepcionó hizo afirmar a Stefan Zweig, en carta a Thomas Mann en 1933, que «la mentira extiende descaradamente sus alas y la verdad ha sido proscrita; las cloacas están abiertas y los hombres respiran la pestilencia como su perfume».[7]

Las *fake news*, es decir, los bulos inoculados en la sociedad a través de redes y medios de comunicación para manipular a la opinión pública, obligan a ponernos en guardia por la fuerza destructiva de los rumores que desatan. Dicha potencia destructiva —criminal, incluso— puede afectar a personas o a colectividades sociales, a instituciones o a comunidades, sembrando respecto a ellas juicios maledicentes que se convierten en prejuicios infundados, dispuestos a extenderse como la pólvora, prestos a prender la llama del odio en cualquier momento. El tórrido clima de la *posverdad* lo favorece, y cuando organizaciones políticas de la ultraderecha están dispuestas a rentabilizar el odio

---

6   P. Cerezo, *El diálogo, la razón civil*, Granada, Editorial Universidad de Granada, 2019, p. 302.
7   Cf. H. Polo, «Stefan Zweig, en un café vienés», *El Viejo Topo* 361, 22 de febrero de 2018.

—no es descabellado hablar de una «internacional del odio»—,[8] viene a la memoria aquel impactante aforismo de Adorno en *Minima moralia* (par. 72) diciendo que «el antisemitismo es el rumor sobre los judíos».[9] ¡Y sabemos cómo acabó!

Se impone, por tanto, a partir de las similitudes constatadas en anteriores procesos por donde ha discurrido el conocimiento o el desconocimiento social, adentrarnos en lo que de desafortunada novedad presenta la *posverdad*. Sí cabe adelantar en estos párrafos definitorios que hablar de *posverdad* nos introduce en el resbaladizo terreno de una singular manifestación de *fetichismo lingüístico* desde el cual, en una suerte de infundado adanismo, se le confieren a determinadas palabras la supuesta capacidad taumatúrgica de generar por sí mismas la realidad que pretenden que sea reconocida en su «verdad alternativa», viniendo a corroborar el dicho de Lewis Carroll en *A través del espejo* acerca de que el significado de las palabras depende de «quién manda».[10] Tal ejercicio de arbitrariedad autoritaria solo puede sostenerse sobre un fetichismo que orla a determinadas palabras claves con un engañoso, pero eficaz, halo de credibilidad para ocultar —bien quedó señalado por Bolívar Echeverría que eso es lo que hace todo fetichismo—[11] el desgarro de una realidad social a la que el irracional discurso de la *posverdad* introduce en un terreno ilógico donde queda en suspenso el principio de no contradicción. Acierta, pues, la filósofa Victoria Camps cuando tilda los discursos que nutren la *posverdad* como «nueva sofística».[12]

8 Cf. J.J. Tamayo, *La internacional del odio. ¿Cómo se construye? ¿Cómo se deconstruye?*, Madrid, Icaria, 2020.

9 T.W. Adorno, *Minima moralia. Reflexiones desde la vida dañada*, Madrid, Taurus, 1987, p. 109.

10 L. Carroll, *A través del espejo y lo que Alicia encontró al otro lado*, Madrid, Alianza, 2007, p. 152.

11 B. Echeverría, *El discurso crítico de Marx*, México, FCE, 2017, pp. 270 ss.

12 V. Camps, «Posverdad, la nueva sofística», en J. Ibáñez y M. Maldonado, (coords.), *En la era de la posverdad*, Barcelona, Calambur, 2017, pp. 91-100.

Espectacularización de la mentira política en la cultura digital

El «caso Trump» y el «suceso Brexit» como infamantes hitos de la posverdad

Una realidad dinámica como la que «posverdad» designa reclama para su abordaje un enfoque que nos permita hacer cierto recorrido histórico-político e histórico-filosófico para esclarecer críticamente cómo se ha llegado en nuestras sociedades a un modo de hacer política sirviéndose de un descaro cínico que deja atrás el mero encubrimiento hipócrita que en las instituciones políticas venía dándose respecto a los mecanismos de poder y los intereses que los mueven. El salto cualitativo —negativo— que tal recorrido supone es el que en una reeditada borgiana *Historia universal de la infamia* podría ser recogido en un nuevo capítulo correspondiente a la *posverdad,* ya que al escritor argentino no le faltarían personajes para narrar el descrédito en que los hunde su mendacidad. Como quiera que fuera, cualquier relato al respecto ha de hacerse ya desde la inmersión en la sociedad informacional y la cultura digital en la que estamos, desde cuyo nihilismo se impulsa el capitalismo cínico que bajo la hegemonía neoliberal se ha consolidado.[13]

Tal es el entorno en el que los flujos comunicativos se multiplican sin término, dando pie a que se diluyan las exigencias en cuanto al *compromiso de verdad* en los mensajes que circulan a través de las redes, facilitando con ello el surgimiento de nuevos modos para la fabricación de la mentira. Ello no es ajeno al hecho de que la comunicación y la producción ocurran en el

---

13 J. A. Pérez Tapias, *Internautas y náufragos. La búsqueda del sentido en la cultura digital,* Madrid, Trotta, 2003; *La insoportable contradicción de una democracia cínica,* Granada, Editorial Universidad de Granada, 2016, pp. 405 ss.

marco definido por densas redes de poder —no solo por *redes sociales*, como es obvio—, sobre todo de un poder económico que extiende sus brazos al campo político, al ámbito social y a la esfera cultural, cuyo horizonte de actuación es el mercado global. Si la verdad no interesa, sino que el objeto de deseo se sitúa en lograr la aquiescencia a quien esgrime un relato cuyo objetivo no es otro que lograr adhesiones emocionales y, con ellas, el reforzamiento de vínculos identitarios, la verdad de los mismos hechos pasa a ser irrelevante al verse desplazada por una interesada construcción sobre ellos, inventando al respecto lo que haga falta. Si el resultado encaja bien en los cauces de la espectacularización mediática de la política, aunque sea al precio de una alienación generalizada hasta el punto de que incluso «el mentiroso se engaña a sí mismo»,[14] el éxito se considera logrado, por más que haya entrañado el desplazamiento de la inteligencia emocional de la que hablara Daniel Goleman a una emotividad irracional puesta al servicio de la ley del más fuerte.[15]

En esa dirección ha venido trabajando un programa neoliberal que ha movilizado todos los resortes tecnológicos a mano para dotar al poder de nuevas técnicas de manipulación, vía emociones. Es a tales técnicas de dominio de un poder aparentemente blando, pero fuerte en su pretensión de dominio, a las que Byung-Chul Han ha dado el nombre de «psicopolítica».[16] Esta contribuye decisivamente a que la sociedad vea impasible cómo el capitalismo cínico, ni siquiera necesitado de sofisticadas coberturas ideológicas, contamina toda la vida social hasta hacer que la democracia misma se vea corroída por un cinismo político que la destruye, comenzando por su pretensión destructiva

---

14 G. Debord, *La sociedad del espectáculo*, Valencia, Pre-Textos, 2007, p. 37.
15 Cf. D. Goleman, *Inteligencia emocional*, Barcelona, Kairós, 1996.
16 Cf. B.-C. Han, *Psicopolítica. Neoliberalismo y nuevas técnicas de poder*, Barcelona, Herder, 2021.

respecto a la misma razón crítica.[17] Es importante reparar en cómo la apelación a las emociones se inscribe en una retórica que desplaza por completo el discurso argumentativo para servirse de relatos que en sus tramas narrativas encierran falacias que prescinden de toda contrastación con los hechos en la actividad conocida como *storytelling* o construcción del relato.[18]

La dinámica de la *posverdad*, desde el momento en que se basa en una falsedad intencionadamente producida contra los mismos hechos que desprecia, es la dinámica de la peor propaganda puesta al servicio de la más grosera manipulación política. Los medios tecnológicos disponibles para quehacer tan perverso, las pretensiones políticas que lo alientan y el contexto cultural en que todo ello se produce —el desprecio al valor de la verdad quiebra el *sentido* que pudiera fraguarse en la convivencia social, con lo que estamos ante una contraepistemología política que opera en el marco del nihilismo dominante en nuestra cultura— hacen que, en efecto no estemos ante una mera mentira sin más, ni siquiera ante el mero uso de la mentira al modo usual en política —algo que ya fue puesto de relieve por Maquiavelo en *El príncipe*—,[19] sino ante una suerte de «ignorancia pública» generada *ad hoc*.[20] No obstante, eso no quita que con el elemento cínico añadido como especificidad que en nuestro presente funciona a gran escala, se trate de un engaño expresamente pretendido desde el cinismo más capaz de sobreactuar, con el agravante de que es cinismo aceptado por aquellos a quienes se destinan los mensajes que vehiculan las *fake news*. Se trata de una consumada perversión de lo que pudiera entenderse como un «régimen de verdad».

---

17 Cf. V. Safatle, *Cinismo e falencia da crítica*, San Pablo, Boitempo, 2008.
18 Cf. C. Salmon, *Storytelling. La máquina de fabricar historias y formatear mentes*, Barcelona, Península, 2008.
19 N. Maquiavelo, *El príncipe*, Barcelona, Orbis, 1983, cap. XVIII, 3.
20 Cf. F. Broncano, *Puntos ciegos. Ignorancia pública y conocimiento privado*, Madrid, Lengua de Trapo, 2019.

1. La infamia de la *posverdad* o la destrucción cínica de la democracia

Las características de los procesos sociales que podemos ubicar bajo el rótulo de *posverdad* explican, pues, que los fenómenos descritos en esos términos sean propios del mundo conformado por el entrecruzamiento de capitalismo neoliberal, política cínica y cultura con un fuerte componente nihilista, estando todo ello enhebrado por unas tecnologías de la información y la comunicación que en etapas históricas anteriores no existían. Ahora la mentira no queda en coyuntural o epidérmica, sino que se instala en la sociedad en maneras y medida que antes no se dieron. De ahí las condiciones que hacen posible la proliferación de «noticias falsas» en un modo nuevo, tanto en su fabricación como en sus consecuencias, por más que en retrospectiva pueda extenderse al pasado —incluso hasta el Imperio romano, haciendo una interpretación de *posverdad* en un sentido amplio que permite su extrapolación a otras épocas—[21] un diagnóstico de procesos políticos que por analogía utilice categorías similares. Sin duda, lo que la situación actual presenta de novedoso a este respecto es lo que hace años dio pie a que se hablara de la «era de la posverdad».[22]

De hecho, en las primeras décadas del siglo XXI encontramos de sobra procesos y situaciones que tienen por causa esa sistemática fabricación de mentiras que nos sitúa bajo el dominio de la *posverdad*. Cabe destacar dos casos: el fenómeno Trump en Estados Unidos y el proceso llamado «Brexit» en Reino Unido. El primero, claramente identificable bajo el régimen antidiscursivo y, de suyo, antipolítico de la posverdad, supuso que llegara a la presidencia de Estados Unidos alguien que encarnaba el más acentuado populismo de derechas, machista y racista al mismo tiempo, sirviéndose de una demagogia capaz de encandilar a

21 Cf. N.F. Marqués, *Fake news de la Antigua Roma. Engaños, propaganda y mentiras de hace 2000 años*, Barcelona, Planeta, 2019.
22 Cf. R. Keyes, *The Post-Truth Era. Dishonesty and Deception in Contemporary Life*, Nueva York, St. Martin's Press, 2004.

millones de votantes. Y respecto al segundo no hace falta recordar que también se cuenta entre los efectos de la *posverdad* todo lo que su lógica, si se puede formular así, volcó sobre el Brexit, esto es, el recorrido hecho por los británicos antes, durante y después del referéndum sobre si Reino Unido había de salir de la Unión Europea.[23] En lo referente a este proceso no hay que dejar atrás el papel de la demagogia xenófoba y de las narrativas ultranacionalistas a la hora de nutrir una irracional *posverdad*, elementos que igualmente también se han desatado con furor en otros países europeos —insoslayable recordar el papel de Orbán en Hungría, las derivas autoritarias homófobas y xenófobas del gobierno de Polonia, las declaraciones de Matteo Salvini especialmente contra la inmigración siendo ministro del Interior de Italia o el crecimiento electoral del partido de Marine Le Pen en Francia—, como asimismo encuentra caldo de cultivo en otros muchos países, como permite constatar el caso del presidente Jair Bolsonaro en Brasil.

Tenemos, pues, situaciones diversas en las que se comprueba que una política de nuevo cuño —antipolítica, por cuanto va cercenando a base de autoritarismo las condiciones para una política cabalmente entendida, dando paso a ese malformado engendro que llaman «democracias iliberales»— se configura, sirviéndose de la *posverdad*. Ello no deja de ser respuesta al fracaso neoliberal en promover que todo individuo revalorice su «capital humano» bajo la mitificación del emprendimiento; de tal guisa, se genera una política que, con su engaño programado, trata de sostenerse desde el apoyo prestado por quienes se han visto descabalgados de su estatus, marginados por las consecuencias del actual proceso de globalización, desubicados socialmente y sin las referencias políticas de antaño para orientarse, como se diagnostica con frecuencia respecto de sectores de la que era

23   J.A. Pérez Tapias, *Europa desalmada. ¿Qué hacer con la Unión Europea?*, Madrid, Lengua de Trapo, 2019, pp. 15-22.

I. La infamia de la *posverdad* o la destrucción cínica de la democracia

tradicional clase obrera industrial en el capitalismo fordista.[24] Así, como reacción a las convulsiones del capitalismo, pero en dirección contraria a lo que exigiría su transformación, con la *posverdad* como aliada se construye «una política más allá del hombre —dice el semiólogo italiano Maurizio Lazzarato—, esto es, más allá de la explotación, del racismo, de la guerra, de la colonización, del poder del hombre sobre la mujer y todo el resto de seres (vivientes y no vivientes)».[25] La *posverdad* involucrada en el Brexit fue heredera de aquel «capitalismo popular» que tan engañosamente promovió Margaret Thatcher.

Desde las referencias expuestas para el análisis crítico, no hay que subestimar, por tanto, los efectos que ha tenido en todo el decurso del Brexit la ausencia de una *política de verdad*, es decir, de verdadera política que no se desentendiera de la verdad en política. Obviamente, no es problema solo británico, pero el espejo de Reino Unido nos devuelve a todos la imagen de una política que, al prescindir de la verdad sobre la situación de los británicos en la Unión Europea, sobre los flujos económicos, financieros y fiscales de ida y vuelta a uno y otro lado del Canal de la Mancha, sobre la realidad de la inmigración sin mentiras interesadas, etc., se ha visto dando vueltas en un laberinto en el que la democracia británica ha visto deteriorada su imagen y hasta el mismo pragmatismo inglés ha brillado por su ausencia. Empezando por las dificultades para gestionar el resultado de un referéndum que no se afrontó con la seriedad requerida —tampoco por el laborismo, bajo el liderazgo de Jeremy Corbyn—[26] y terminando por las fracturas producidas en la sociedad británica, en sus partidos políticos, en el Parlamento

24 M. Lazzarato, *Signos y máquinas. El capitalismo y la producción de la subjetividad*, Madrid, Enclave de Libros, 2020, pp. 54 ss.
25 *Ibid.*, p. 137.
26 T. Snyder, *El camino hacia la no libertad*, Barcelona, Galaxia Gutenberg, 2018, p. 206.

y el Gobierno…, todo ha coadyuvado al deterioro de una situación cuya superación, más allá de la salida de Reino Unido de la Unión Europea, solo será tal si se reconectan de nuevo democracia y verdad.

Después de todo, volviendo al «efecto Trump», una vez consumado que quien llegó a la presidencia de Estados Unidos la perdió ahogado en la misma *posverdad* de la que se sirvió, no es descabellado pensar que lo que podemos llamar *trumpismo* es un fenómeno mundial en el que se reedita a la escala del mundo globalizado aquella patología comunicativa que el autor de *1984* diagnosticó como el «doble pensar» de la *neolengua* que, cuando se refiere a algo, quiere significar lo contrario —esclavitud, por ejemplo, cuando se habla de libertad o guerra cuando se dice paz.[27]

Si el escritor inglés vio hasta dónde llegaba la perversión de la comunicación bajo un poder totalitario que sacrificaba la verdad en aras de su dominio, el actual papanatismo hacia la *posverdad* vuelve a traer al centro del debate la relación entre verdad y poder en la medida en que inaugura un nuevo «régimen de verdad» contra la verdad misma. Las consecuencias pueden volver a ser desastrosas por cuanto la perversión del lenguaje trastocando intencionadamente el significado de las palabras puede dar lugar, como advierte el antropólogo y filósofo catalán Lluís Duch, a una «gramática de lo inhumano».[28]

Constatado todo ello, lo que representa Donald Trump en relación con la *posverdad* es paradigmático por cuanto llevó dicha dinámica al paroxismo, siendo un campeón, maléfico campeón, de una (i)lógica asentada en el mentir con aplomo, en entrar en flagrante autocontradicción sin que importe para nada o en despreciar los hechos o las teorías que pudieran explicarlos fehacientemente —véase el empeño en desacreditar las explicaciones científicas en torno a la COVID-19, como denunció

27 G. Orwell, *1984*, Barcelona, Destino, 1998, pp. 42 ss.
28 L. Duch, *Mito, interpretación y cultura*, Barcelona, Herder, 1998, p. 459.

Noam Chomsky insistiendo en cómo desaparece el concepto de verdad cuando no se para de decir mentiras—.[29] La consecuencia es el más insolente negacionismo.

La cosa viene de atrás, activando la producción de mentiras al servicio del máximo rendimiento político de tales prácticas, como se hizo al contar con el apoyo de grupos mediáticos como Fox News, del imperio levantado por Rupert Murdoch, quien lo puso a funcionar bajo el lema de que «tenemos que fabricar las noticias, no informar».Tenía, pues, antecedentes el populismo trumpiano, ya que a tal estilo de manipulación mediática respondía ya aquella declaración de Karl Rove, asesor del presidente George W. Bush, cuando al hilo de la segunda guerra del Golfo dijo aquello de que «somos un imperio y cuando actuamos creamos nuestra propia realidad».[30] Tal es la pretensión de un «contraconocimiento» que tanto puede pretender construir la «falsa verdad» sobre armas de destrucción masiva en el Irak de Sadam Hussein como afanarse en negar el Holocausto en inicuo empeño de destrucción de memoria: la mentira es el arma.[31]

La estela en la que se situó Trump con su histriónica política alentó una *posverdad* de la que se puede decir que puso de moda la ignorancia a la vez que impulsó un tecnocratismo autoritario por entero amenazante para la democracia.[32] No cabe duda de que al servicio de tanto desmán cognitivo están los recursos que prestan la inteligencia artificial y el trabajo de

---

29   Cf. N. Chomsky, «Si no paras de decir mentiras, el concepto de verdad simplemente desaparece», entrevista con Amy Goodman, *Contexto y Acción*, 19 de abril de 2020, https://ctxt.es/es/20200401/Politica/31960/noam-chomsky-trump-sanidad-pandemia-mentiras-sociopatas.htm

30   L. McIntyre, *Posverdad, op. cit.*, p. 128.

31   D.J. Levitin, *La mentira como arma. Cómo pensar críticamente en la era de la posverdad*, Madrid, Alianza, 2019, pp. 183 ss.

32   M. Kakutani, *La muerte de la verdad. Notas sobre la falsedad en la era de Trump*, Barcelona, Galaxia Gutenberg, 2019, pp. 28 ss.

algoritmos en torno a los *big data* de cara a proporcionar la información necesaria para manipular a la opinión pública suministrando lo que se decide que oiga a tenor de sus preferencias previamente tan conocidas como inducidas.[33] Es ahí donde la «guerra telemática» en redes sociales tiene su privilegiado campo de batalla —la saben bien los *bots* rusos que apoyaron a Trump… hasta que este quedó anegado por el flujo de su propia *posverdad*, haciendo que la misma cadena Fox le dejara solo con su patética figura reivindicándose ganador de unas elecciones perdidas contra Joe Biden como candidato a la presidencia—. Lo tremendo del caso es que el Trump instalado en la *posverdad* contó para ello con el apoyo, desde Rusia, de Putin y sus tecnólogos moscovitas, los cuales compartían máximas con quienes en Estados Unidos movían hilos de la comunicación —como que «no existe la información objetiva», sostenida por el director de la agencia RT, máxima establecida como principio para extraer el corolario de que, en la historia, la única verdad es la necesidad de mentiras—.[34] Sabido es que tal apoyo no se limitó a promover la *viralización* de mensajes falsos, sino a incidir con ellos en los sectores del electorado estadounidense proclives a lo que Trump pretendía representar.

Eclosión de cinismo en Afganistán

La historia, sin embargo, que siempre guarda páginas sorprendentes, tenía preparada la que el presidente Biden iba a escribir en Afganistán, recogiendo lo que su antagonista Trump había dejado preparado en negociaciones con los talibanes afganos relativas a la retirada de Estados Unidos del país centroasiático,

33 Cf. A. Marantz, *Antisocial. La extrema derecha y la «libertad de expresión» en internet*, Madrid, Capitán Swing, 2021.
34 T. Snyder, *El camino hacia la no libertad, op. cit.*, pp. 155 ss.

después de veinte años de ocupación. Lo relevante al caso, destacable en esta ocasión por cuanto en política exterior la llegada de Biden a la presidencia estadounidense no ha tocado cuestiones clave dejadas por su predecesor, es que el nuevo presidente mantiene la fecha de retirada de las tropas de su país el 31 de agosto de 2021, como así ha sido tras la toma de Kabul por los afganos el día 15 de dicho mes, haciéndose con el control del país. Una retirada caótica, que a duras penas permitió evacuar algunas decenas de miles de refugiados, dejando atrás incluso a muchos afganos que trabajaron para las fuerzas de ocupación de Estados Unidos y demás países de la OTAN que participaron de la operación, incluida España. La irresponsabilidad política puesta de manifiesto en la manera de plantear la retirada es el reverso de la actuación del modo imperialista colonial en que se llevó a cabo la ocupación de Afganistán, iniciada en 2001 tras los atentados a las Torres Gemelas de Nueva York. Si en este punto es traído aquí el fracaso de Estados Unidos en Afganistán, y de los países occidentales que lo acompañaron, dando por consumada la derrota en una larga guerra, inútil respecto a los mismos objetivos con que se trató de justificar, es por el perdurable engaño que ha conllevado durante dos décadas.

El presidente Biden, en sus declaraciones justificando la retirada —con notable deslealtad respecto a sus mismos aliados—, en un arrebato de sinceridad que en verdad es un monumento al cinismo, reconoció que en realidad el despliegue de tropas en Afaganistán no fue para proteger los derechos humanos, empezando por los de las mujeres, ni a instaurar la democracia o a reconstruir el país, sino simplemente para acabar con Bin Laden y la amenaza terrorista que recaía sobre Estados Unidos. Es decir, a la postre se dice a las claras lo que todos ya intuíamos —como podía vislumbrarse que la ocupación con la guerra que implicaba terminaría en fracaso, como puso por escrito negro sobre blanco Ahmed Rashid en su lúcida y bien documentada obra *Descenso al caos. EEUU y el fracaso de la construcción nacional en Pakistán, Afganistán y Asia Central*—;[35] la realidad hundió la «verdad alternativa» de un discurso falsamente justificatorio de la ocupación de Afganistán y la guerra que implicaba.[36] Y si las tareas de evacuación acometidas desde el aeropuerto de Kabul en las dramáticas circunstancias de las últimas semanas de agosto de 2021, por cuanto llevadas a cabo con éxito, han sido un logro —con destacado y reconocido papel de España—, el capítulo que sigue en relación con unos flujos de refugiados que Europa se empeña a toda costa en frenar y desviar a países de la zona, no responde al «alma de Europa», sino a una «Europa desalmada»,[37] sin escrúpulos para externalizar campos de refugiados y las deportaciones hacia ellos. La engañosa tarea en términos de *posverdad* desgraciadamente va a seguir, desde el discurso de una «misión cumplida» hasta la justificación cínica de una acción humanitaria con la que se pretenderá *blanquear* las decisiones de Estados apresados entre su impotencia política y las pretensiones de un hegemonismo con resabios colonialistas, el cual, de suyo y por otra parte, ni en conjunto pueden ya mantener.

POSVERDAD Y POPULISMO: UN MARIDAJE PATENTE

Si, dicho freudianamente, el principio de realidad se impuso y la derrota de Trump fue confirmación del naufragio de la «verdad alternativa» respecto a sí mismo elevada sobre el insostenible «hecho alternativo» de una victoria electoral que no se dio —no hubo el supuesto fraude sobre el que quiso reivindicarla—,

35   A. Rashid, *Descenso al caso. EEUU y el fracaso de la construcción nacional en Pakistán, Afganistán y Asia Central*, Barcelona, Península, 2009.
36   T. Alí, «La debacle afgana», *Sinpermiso*, 17 de agosto de 2021, https://www.sinpermiso.info/textos/la-debacle-afgana.
37   Cf. J.A. Pérez Tapias, *Europa desalmada*, *op. cit.*

no por tal descalabro la *posverdad* acaba con un Trump vencido, por lo mismo que tampoco empezó con él.[38] En cualquier caso, queda la tarea de profundizar en la crítica de una grotesca devaluación de la verdad que exige ahondar hasta más allá de donde había llegado la crítica de las ideologías tratando de desmontar los discursos construidos socialmente en falso para encubrir la realidad.

Al acometer la crítica hay que tener especialmente en cuenta que tales discursos de *posverdad* merecen ser considerados como antidiscursos. En efecto, los mensajes que ubicamos en la onda de la *posverdad* no son acreedores a otorgarle rango propiamente discursivo desde el momento en que no cumplen mínimamente con las condiciones argumentativas para ello. Si en usos lingüísticos que hagan concesiones a las prácticas coloquiales hablamos de «discurso de posverdad», tal expresión carece de sentido a poco que se tenga en cuenta un punto de vista normativo al respecto. En realidad, si considerar las cosas así se compadece con el hablar con relación a ellas de antipolítica, tal apreciación es extensible al ya aludido populismo en el que en nuestro tiempo se enmarca la «(anti)política de la posverdad». Entre populismo y *posverdad* hay un maridaje inocultable que requiere algunas observaciones.

Es cierto que en cuanto se hacen referencias al populismo como práctica política se impone hacer ineludibles clarificaciones, puesto que la palabra misma —«populismo»— sirve constantemente como término para descalificar a adversarios políticos, utilizándose en múltiples direcciones. En cuanto se usa así, el término queda neutralizado como descriptor efectivo, aunque ello no hace sino confirmar el populismo de muchos, dejando

---

38   *Id.*, «Y Trump se ahogó en su posverdad. Sobre el valor político de la verdad», *Contexto y Acción*, 9 de noviembre de 2020, https://ctxt.es/es/20201101/Firmas/34092/Trump-posverdad-elecciones-Estados-Unidos-Jose-Antonio-Perez-Tapias.htm

ver que el término se vacía de contenido para usarse con el máximo de carga emotiva. Salta a la vista por qué la palabra se acomoda tan bien para ser compañera de viaje de «posverdad». Ahora bien, no por ello resulta ser del todo un «significante vacío» —pedimos prestada para el análisis esta fórmula tan querida para sus explicaciones por uno de los más señalados teóricos del populismo como es Ernesto Laclau—, ya que sigue siendo anclaje de realidad para ese mismo uso el que se señale populismo donde hay un discurso demagógico que apela a emociones más allá de razones y busca eco socialmente transversal, a costa de lo que sea, apelando a una sociedad a la que invita a verse como *pueblo*. Eso mismo, al hacerse en términos de *etnos*, alienta reacciones fácilmente ultranacionalistas, predispuestas al uso y abuso de la fractura expresamente inducida entre «nosotros» y «los otros» —mensaje orientado contra la inmigración, como se ha podido apreciar con Trump en Estados Unidos, con Orbán en Hungría, con Salvini en Italia o con Abascal al frente de Vox en España.

La cuestión no deja de presentarse compleja por cuanto más allá de utilizar «populismo» como arma arrojadiza, la pretensión de una política populista se rescata, más allá de hacerla objeto de análisis, para convertirla en propuesta de acción política, tal como hace, por ejemplo, Carlos Fernández Liria en su libro *En defensa del populismo*.[39] Tal intención obliga a quienes así proceden —en particular desde la izquierda, pues la derecha tiene el populismo tan connatural que no se ve en la necesidad de teorizarlo— a tratar de diferenciar claramente entre populismo de derecha y populismo de izquierda —algo que a veces sucede incurriendo en contradicción al decir que el eje derecha-izquierda ha perdido relevancia—. Es de cara a tal demarcación que interesa la obra de Ernesto Laclau, *La razón populista*, libro de referencia en el que el autor acomete un análisis exhaustivo

---

39 C. Fernández Liria, *En defensa del populismo*, Madrid, La Catarata, 2016.

de lo que llama la «lógica populista». Presenta su dinámica como algo que no solo se da en contextos de crisis de la representación política y de erosión de instituciones democráticas, sino como lógica constituyente de lo político con la mira puesta en la conformación del pueblo como sujeto político a partir de sectores sociales «plebeyos» que no ven satisfechas sus «demandas democráticas».

El caso —y es lo que aquí interesa subrayar— es que para tal proceso de conformación hace falta liderazgo fuerte con potente capacidad retórica para movilizar emociones, factor indispensable para sostener una «demanda popular» apta para funcionar como aglutinante de expectativas de reordenación política. ¿No suena todo eso como melodía propia de abanderados de la *posverdad*? Para que se produzca lo que dicha canción anuncia, el paso necesario es ganar suficiente hegemonía utilizando los significantes («vacíos») adecuados para galvanizar a una mayoría social salvando sus heterogéneas diferencias con la suficiente dosis de emocionalidad, de forma que el «significante vacío», correlativo a la ausencia de un pueblo aún no autorreconocido como tal, cubra la distancia para conseguirlo gracias a la performatividad del lenguaje, aunque al precio de rebajar el «concepto» al lado del ensalzamiento del «nombre». Si eso es la entraña de todo populismo, al decir de Laclau,[40] tal sobrepujamiento del significante a costa del significado se sostiene sobre lo mismo que incentiva: el papel de las emociones, aun sabiendo cómo quedan vías expeditas para la sugestión y la manipulación. La consistencia del discurso, como la verdad que pudiera encerrar, es por entero secundaria. El terreno no puede ser más propicio para la *posverdad*.

Por mucho que Laclau ponga todo el empeño, con su teorización sobre los «significantes flotantes» como los elementos clave para que el populismo de izquierda, desplazando los en

40 E. Laclau, *La razón populista*, Buenos Aires, FCE, 2005, p. 253.

principio «significantes vacíos» hacia referencias favorables a una construcción de hegemonía exitosa frente a las pretensiones de un populismo de derecha, nada asegura el éxito de dicha empresa. Es más, como subraya el sociólogo francés Éric Fassin, la pretensión de un populismo de izquierda siempre está condenada a sucumbir en el laberinto de su propia confusión, incrementada de continuo al jugar en un terreno que la derecha domina como propio, dejándose atrapar por la irracionalidad de esa *posverdad* a la que lleva de continuo una emocionalidad populista cargada de resentimiento.[41] Es ese parentesco con la *posverdad* el que deja al populismo actual en muy mala situación en cuanto enfoque político defendible, por más que fácticamente el populismo refuerce hoy por hoy a una *posverdad* que juega con ventaja cuando los medios tecnológicos a la mano permiten una «ficcionalización de los hechos» que corre pareja a una «factificación de las ficciones», con lo cual hasta los acontecimientos más densos se esfuman en la neblina de la mentira organizada y, además, blindada por los sentimientos.[42]

Constatada la correlación populismo-*posverdad*, se plantean interrogantes que una mirada crítica no puede eludir. Así pues, dadas las apelaciones al pueblo, incluso como realidad en proceso de constitución —de suyo, *in fieri* en cuanto tiene que resolver la inclusión de «la parte que está aparte», como lo refleja Jacques Rancière con acierto en *El odio a la democracia*,[43] siendo en verdad esta la clave para construir democracia con legitimidad—, ¿cómo asegurar que ese pueblo se configura como *demos*, como conjunto de ciudadanas y ciudadanos sujetos de derechos, no disueltos en una «masa orgánica» reducida identitariamente a *etnos* excluyente? ¿Cómo mantener el componente

41 E. Fassin, *Populismo de izquierdas y neoliberalismo*, Barcelona, Herder, 2018, p. 92.
42 F. Vallespín y M.M. Bascuñán, *Populismos*, Madrid, Alianza, 2017, pp. 166 ss.
43 J. Rancière, *El odio a la democracia*, Buenos Aires, Amorrortu, 2012.

1. La infamia de la *posverdad* o la destrucción cínica de la democracia

deliberativo de la democracia sin sacrificarlo a abusos plebiscitarios? ¿Cómo sostener una opinión pública en la que sea posible la argumentación racional en vez de encerrarla en el narcisismo alimentado por una visceralidad emocional? ¿Cómo abordar la desigualdad social evitando que quede desfigurada en falsas unidades nacionales? ¿Cómo salvar el pluralismo como valor democrático aparejado a la libertad? ¿Cómo resistir en las mismas organizaciones e instituciones políticas a las tentaciones caudillistas del hiperliderazgo? ¿Cómo no quedar obnubilados por mitificaciones devastadoras de lo político? Son cuestiones ineludibles que reclaman una *política de verdad*, para la que la verdad sea un compromiso, en vez de una «política de *la* verdad» que, siendo además de la «verdad alternativa» que la *posverdad* supone conlleva una dinámica antidemocrática de preocupantes ribetes de nuevo fascismo. Es por esa correlación entre populismo y fascismo que siempre amenaza con hacerse realidad por lo que Slavoj Žižek, con buenas razones a pesar de sus críticos, y distanciándose a la vez de la posición tecnocrático-liberal que se niega a entender por qué ganan adeptos los planteamientos populistas y de la defensa que hace Laclau de un populismo para el que es imposible ser emancipador, aconseja no caer en «la tentación populista».[44]

Esas y otras cuestiones que podrían señalarse requieren respuestas ineludibles y bien es verdad que su articulación encuentra marco apropiado en un republicanismo puesto al día, no desde una perspectiva conservadora que lo pone en confrontación con la democracia, sino todo lo contrario: republicanismo como democracia radicalizada. Es en tal sentido en el que José Luis Villacañas contempla la concepción republicana de ciudadanía y la idea de democracia en que se inserta como alternativas a lo que al respecto se piensa desde el populismo.[45] Para

44 S. Žižek, *Contra la tentación populista*, Buenos Aires, Godot, 2019, pp. 17 ss.
45 J.L.Villacañas, *Populismo*, Madrid, La Huerta Grande, 2015, pp. 111 ss.

una democracia tomada republicanamente en serio —sin menoscabo de las aportaciones de la tradición liberal—, la verdad es valor político que de ninguna manera ha de ser desdeñado. Por lo demás, cuando la espectacularización se impone como lo hace en la cultura digital, el calderoniano «gran teatro del mundo» se ha convertido en carnaval permanente en el que, sobrepasadas las prácticas del disimulo, todo es simulación de un constante «como si» en el que la realidad de continuo se confunde a base de engaños. Pero eso no quita que desde sus estructuras y procesos —«lo Real» como su núcleo duro, que diría Lacan— pase las facturas correspondientes a base de desmentidos ante los cuales lo carnavalesco —ya no aquel carnaval que la cultura barroca entendió como escape en un mundo en crisis, sino factor reduplicante de la crisis de nuestro mundo— se hunde junto con la *posverdad* con la cual se alía en una política de mentira.

Desde el mismo siglo del Barroco, Baltasar Gracián, precisamente en su obra *El político*, aun con cierta paradójica proximidad a Maquiavelo, no dejaba de criticar al florentino al decir que

vulgar agravio es de la política el confundirla con la astucia. No tienen algunos por sabio sino al engañoso, por más sabio al que más bien supo fingir, disimular, engañar, no advirtiendo que el castigo de los tales fue siempre perecer en el engaño.[46]

El drama del engaño que supone la *posverdad* de estos tiempos es que desemboque en tragedia arrastrándonos a todos en el perecer.[47]

46   B. Gracián, «El político», en *Obras completas*, Madrid, Aguilar, 1967, p. 54.
47   J.A. Pérez Tapias, «Posverdad carnavalesca en tiempo de pandemia. A propósito del cinismo que inunda la política española», *Contexto y Acción*, 31 de marzo de 2021, https://ctxt.es/es/20210301/Firmas/35496/carnaval-politica-cinismo-posverdad.htm

REACTIVACIÓN DE LA CRÍTICA DE LAS IDEOLOGÍAS
FRENTE AL ANTIDISCURSO DE LA *POSVERDAD*

Mucha tinta se ha empleado en desentrañar la ya apuntada relación, tan estrecha como multiforme, entre verdad y poder, que de eso se trata también en la época de la *posverdad*. De dicha relación se ocuparon «maestros de la sospecha» ya clásicos como Marx y Nietzsche, quienes nos pusieron sobre la pista al desvelar cómo funciona el «conocimiento interesado» o al señalar cómo la «voluntad de poder» opera tras las pretensiones de la voluntad de verdad. Así pues, el primero, antecediendo con su «crítica sin contemplaciones» al «filósofo del martillo», puso de relieve el carácter interesado de lo que socialmente quiere pasar por conocimiento verdadero. Las estructuras de poder, desde relaciones sociales condicionadas por insoslayables factores económicos y políticamente institucionalizadas, inducen la *producción ideológica* necesaria para encubrir, justificar y legitimar la realidad social establecida. La mirada marxiana dirigía el foco hacia los intereses de quienes ventajosamente están en situación de dominio en el seno de esa realidad, poniendo a su favor los mecanismos ideológicos que generan la «falsa consciencia»,[48] aquella que pesa sobre las clases subalternas o en la que se mueven las clases dominantes con la tranquilidad de la buena conciencia ante una realidad «desgarrada» en la que la injusticia estructural juega a su favor. Lo que se presenta como verdad, de la religión a la política, pasando incluso por la filosofía y la ciencia —no ajenas al encubrimiento ideológico—, no deja de portar, bajo las apariencias de explicaciones admisibles o legislaciones institucionalmente legitimadas, por ejemplo, el engaño socialmente producido en una realidad «alienante» que *injustamente* gravita alrededor de la explotación económica, base del dominio de unos hombres por otros. Los intereses socialmente

---

48 K. Marx y F. Engels, *La ideología alemana*, Madrid, Akal, 2014, pp. 13 ss.

articulados no quedan lejos de la voluntad de poder que por su parte Nietzsche rastrea tras sus múltiples derroteros. El posterior eco de Nietzsche llega hasta nosotros. Imposible no escucharlo cuando los adalides de la *posverdad* usan megafonía. El diagnóstico nietzscheano fue que lo que opera tras la voluntad de verdad es *voluntad de poder*. De qué verdad se trata en cada caso depende del poder que la promueva. Y si el poder no es unívoco, sino que se ve distorsionado en medio de los *conflictos de poderes* hasta incluso quedar camuflado tras la impotencia, como poder vuelto contra sí mismo en los humanos que maltratan su humanidad, en la vida que niega sus propias fuerzas invirtiendo su sentido, tampoco la verdad presenta una sola cara. La ambivalencia del poder es la que se expresa en el enmarañamiento de valor y contravalor en torno a la verdad. La verdad y la mentira van juntas, como siamesas que se parasitan, para meternos desde el principio en el juego de las apariencias. Por ello, la búsqueda de la verdad es una sucesión continua de falsas ilusiones que gravitan alrededor del olvido. Pero permite que nuestros errores, necesarios errores, sean ventajosos para la supervivencia. La *presunta* verdad, que resulta desvelada como «no-verdad» por su carga ilusoria, refuerza su valor supervivencial desde que se vincula al bien y al mal —cuestionarlo radicalmente es colocarse, como propone Nietzsche, «más allá del bien y del mal»—. La *voluntad de verdad* es ardid de la *voluntad de poder*.[49] ¿Exageración? Desmesura, cierto, mas para no pasar por alto lo que es su fondo de verdad, esto es, que las pretensiones de verdad están vinculadas al poder y que, al hilo de esa vinculación, verdad y mentira van entrelazadas. ¿Así hasta el extremo en que la segunda, como comprobamos en nuestro tiempo, anula a la primera en la dinámica de la *posverdad*?

Con todo, en el *decir* nietzscheano se vislumbra una verdad en *otro* sentido, quizá la verdad del *sentido* como nuevo significado

49 F. Nietzsche, *Más allá del bien y del mal*, Madrid, Alianza, 1983.

de una verdad «verdaderamente humana». Tras poner en duda el valor de la verdad, Nietzsche promueve *otro concepto de verdad* cuando, suponiendo una voluntad totalmente distinta a la recusable voluntad de lo verdadero, apela a los «hombres verídicos» dispuestos a nuevas posibilidades de vida. Pero si con la pretensión de verdad va la posibilidad de mentir, ¿cómo y por dónde seguimos, cuando ya hemos sido obligados a reconocerlo? La voluntad de verdad no es ajena a la voluntad de poder: ¿qué nos queda por hacer en torno a la verdad y con el poder? Tenemos que aprovechar las pistas nietzscheanas para ir más allá de Nietzsche, apoyándonos en sus mismas declaraciones, en una suerte de transmutación de quien proponía la «transmutación de todos los valores». Así, podemos pensar que, en efecto, tras la voluntad de verdad opera la voluntad de poder, para plantearnos a continuación de *qué poder* se trata. Esto último es lo que Nietzsche no dejó clarificado —en su concepción del poder, la capacidad quedó absorbida por el dominio, con el que acaba identificando todo poder.

Si distinguimos entre errores y mentiras en relación con la verdad, podremos avanzar hacia cuál es la verdad que podemos sostener al subsanar nuestros errores y cuál la que debemos mantener para hacer frente a la mentira.[50] Nietzsche percibe que lo verdadero y lo bueno, por más que se distingan sus esferas, no están tan lejos, toda vez que es la misma voluntad de poder la que los afirma como valores. Podemos tomar radicalmente en serio su mensaje para afirmar que voluntad de verdad e intención moral se coimplican, hasta el punto de concluir por nuestra parte que «verdad y mentira en sentido extramoral» no es lo último a lo que genealógicamente podemos llegar;[51] a lo sumo es una

50   J. Conill, *El poder de la mentira. Nietzsche y la política de la transvaloración*, Madrid, Tecnos, 1997, pp. 64, 167.
51   Cf. F. Nietzsche, «Sobre verdad y mentira en sentido extramoral», en H. Vaihinger y F. Nietzsche, *La voluntad de ilusión en Nietzsche / Sobre verdad y mentira en sentido extramoral*, Madrid, Tecnos, 1990.

nihilista estación intermedia hacia la consideración más honda de *verdad y mentira en su sentido moral*.[52] No hay verdad al margen de exigencias morales, ni moralidad sin compromiso con pretensiones de verdad. La indiferencia moral de la *posverdad*, por cierto, forma parte de su engaño: es inmoral.

¿Hemos de dar por hecho que la verdad sucumbe ante el poder-dominio? ¿O podemos preguntarnos cómo abrir el espacio para la verdad, de forma que no la ahogue el poder de la mentira? Si la humanidad, vista desde Nietzsche, no puede desprenderse de su voluntad de poder, puesto que le es constitutiva, ¿qué hacer? ¿Es posible transformar el poder más allá del dominio y reganar la verdad más allá de la mentira? Se acumulan los interrogantes y con ellos se agudizan las sospechas, máxime si nos empeñamos en reflexionar sobre la verdad en sus relaciones con el poder. Porque ¿se puede ejercer el poder, o aunque sea simplemente sobrevivir en medio de los conflictos, luchas por el poder, sin entrar en la mentira? Ya el mismo Platón hizo algunas concesiones en ese sentido en la *República*,[53] aunque tienda a restringirlas a las que llamaba «mentiras nobles», como las de los mitos, por la parte de verdad que encierran, necesaria para la *paideia* y la vida de la *polis*.[54] Pero más allá de casos como este, el realismo político indica que no hay política sin mentiras: adentrarse en la dinámica del poder conlleva engañar. Si no queremos introducirnos en la más elaborada trama de Hobbes, nos podemos dar por satisfechos con las indicaciones anteriormente mencionadas —¿cínicas?— expuestas en *El príncipe* de Maquiavelo. No obstante, el florentino tiene una versión instrumental de la mentira, cuando resulte necesaria, que no mengua el valor que tiene

52 J. A. Pérez Tapias, *Del bienestar a la justicia. Aportaciones para una ciudadanía intercultural*, Madrid, Trotta, 2007, pp. 25 ss.

53 Platón, *La República*, Madrid, Alianza, 1990, II, 382c10 y III, 414b9.

54 A. Vallejo, *Adonde nos lleve el Logos. Para leer la República de Platón*, Madrid, Trotta, 2018, pp. 67-68, 88 ss.

el conocimiento adecuado de los hechos que proporciona la «verdad efectiva» acerca de ellos, indispensable para una acción política exitosa. Así lo subraya en el capítulo xv del citado libro, contraponiendo la verdad de los hechos a lo meramente imaginado, lo cual se compadece totalmente con su orientación al respecto en otras obras, como es el caso de sus *Discursos sobre la primera década de Tito Livio*, en los que el republicanismo de su autor se presenta aliado con su defensa de la *veritá effetuale*.[55]

Rondando el tema de la verdad y su relevancia para la política, si seguimos el rastro al pensamiento político burgués hasta Max Weber nos encontramos con que este advierte de que quien se dedique a la política tiene que estar dispuesto a hacer «un pacto con el diablo», requisito para el ejercicio de la vocación política —¿y, en ese caso, *quién llama*, si atendemos a la etimología latina de «vocación», o *de qué hacemos «profesión»*, la cual en principio se entendía «de fe», si atendemos a otras connotaciones del vocablo alemán *Beruf*, quizá de un ingenuo *compromiso de verdad* o de la claudicación ante la mentira?—. En la perspectiva weberiana, si ese «pacto con el diablo» tiene su razón de ser en el componente de violencia que conlleva todo Estado, el cual es factor demoníaco que ha de mantenerse a raya cuando se trata de «monopolio legítimo de la violencia», de manera tal que, ante determinadas situaciones o excesos del poder, el político, mientras conserve convicciones aun rigiéndose por la «ética de las consecuencias», tenga que decir «no puedo hacer otra cosa, aquí me detengo»,[56] ¿es entonces esa conciencia del límite la que ha de activarse también ante la violencia que entraña la perversión de la *posverdad*? Debe ser así —o debería ser así, dada la facticidad de la dinámica en la que dicha perversión se presenta—, y ello aunque se esté hablando de «la política

55   C. Lefort, *El arte de escribir y lo político*, Barcelona, Herder, 2007, pp. 233 ss.
56   M. Weber, «La política como vocación», en *El político y el científico*, Madrid, Alianza, 1998, p. 177.

como vocación», y no de la ciencia, ámbito en el que Weber situaba como central la verdad como valor.

Si la dinámica de la *posverdad* es política de la mentira, dado que en sus actuales extremos en una cultura cínica dicha dinámica pasa por encima de lo que ha sido la crítica de las ideologías en clave marxista o la denuncia de las trampas de la verdad en clave nietzscheana, ¿cómo nos enfrentamos a ello con una crítica más a fondo para salir de las formas imperantes de engaño masivo? Hay que tener presente que lo verdadero se contrapone a lo falso, pero la falsedad se presenta en dos figuras distintas: el error y la mentira. Y la pretensión de verdad emerge en primer lugar como empeño contra la mentira, siendo en un segundo momento cuando surge la disposición a combatir nuestros errores. Estos, con un conocimiento más «adecuado» de la realidad, se subsanan. El descubrimiento de la mentira, en cambio, es traumático, quebrando la confianza en la que se asienta la comunicación. Por cuanto estamos sumidos en errores no hemos logrado un conocimiento verdadero, pero en la mentira quedan cercenadas condiciones fundamentales para la verdad, por lo que es fundamental desmontar los mecanismos cognitivos y emocionales con los que se instala en la vida social, lo cual se presenta como tarea ardua desde el momento en que las mentiras de la *posverdad* se insertan en una «denegabilidad imposible», es decir, en un constructo cognitivo en el que las mentiras se hacen aparecer como evidentes, con una posibilidad que se aprecia como incuestionable. Es esa pretensión la que hay que denegar, que es a lo que con acierto apunta el historiador Timothy Snyder.[57]

Cuando se consolida el juego tramposo que tiene «posverdad» como rótulo nos damos cuenta de la necesidad, por dignidad y por supervivencia —en peligro por el escamoteo de la verdad de los hechos—, de enfrentar al engaño socialmente organizado. Este es el que se ofrece al hilo de elaboraciones

57 T. Snyder, *El camino hacia la no libertad*, *op. cit.*, pp. 159 ss.

ideológicas que, desde el encubrimiento de la realidad, pasan a
pretender justificarla. Es el mecanismo de la hipocresía social de
un sistema que se resiste a mirarse en el espejo que le devuelve
la imagen de su deshumanización. Las ideologías, en sentido
marxiano, funcionan como un encubrimiento que guarda las
apariencias de una sociedad que se quiere ver como armónica,
y bien sabemos que los mecanismos ideológicos pueden funcionar por múltiples derroteros, desde la religión hasta la economía, desde el derecho hasta las mismas ciencias, las cuales
también pueden abusar de la misma noción de verdad para
presentar con ese marchamo elaboraciones teóricas con determinados sesgos según intereses espurios: no se libra tal (falsa)
verdad de convertirse en otra variante del «opio del pueblo».[58]

En la medida en que las ideologías operan desde campos
diversos se cae bajo el encantamiento del fetichismo que conllevan, como en el fetichismo idolátrico de las religiones y como
sucede con el «fetichismo de la mercancía» que va en las entrañas
del capitalismo y en su *religión del mercado*. Es al desentrañar ese
fetichismo cuando Marx puede decir de quienes viven atrapados
en él que «no lo saben, pero lo hacen», reforzando la lógica de
explotación del capital desde la alienación que supone el *olvido*
de que las relaciones entre cosas (objetos con un valor de cambio que se sobrepone a su valor de uso) son de suyo relaciones
sociales entre humanos (en un modo de producción en el que
se genera el valor catapultado a un precio de lo que se intercam-
bia como mercancías). El marco de la «falsa conciencia» que la
ideología alimenta en cuanto a la percepción de la realidad y a
la autocomprensión de la inmersión en ella de los individuos
es la hipocresía social a gran escala que se instala en el conjunto de
la cultura.[59]

58 I. Wallerstein, *El capitalismo histórico*, Madrid, Siglo XXI, 2012, pp. 61 ss.
59 M. Moraña, *Filosofía y crítica en América Latina. De Mariátegui a Sloterdijk*, Santiago de Chile, Metales Pesados, 2018, p. 397.

La dinámica a la cual «posverdad» pone etiqueta supone en nuestro tiempo una vuelta de tuerca sobre la hipocresía que funciona socialmente desde la ideología dominante. Ya no interesa tanto guardar las apariencias, puesto que la lógica del poder, dada la entidad de los poderes actuantes, conlleva un despliegue de la *ley del más fuerte* que se presenta al desnudo en la vida social. Con un neoliberalismo culturalmente hegemónico, el capitalismo no gasta energía en cobertura ideológica. Se muestra de un modo obsceno en sus palmarias contradicciones. La *posverdad* que lo acompaña es engaño cínico, ficción bajo la cual todos actúan sabiendo que lo es, es decir, se trata de mentira consentida, a la cual habría que aplicarle una adecuada reformulación del citado lema usado por Marx como puede ser esta: «lo saben y, a pesar de ello, lo hacen». Lo ideológico, así, aparentemente pierde sofisticación con tal operar descarnado, pero gana rotundidad en cuanto a su eficacia. El cinismo no se anda por las ramas. No obstante, si ese cinismo se impone conociendo de antemano lo que la crítica de las ideologías ha ido desvelando, hasta poder presentarse como un «cinismo ilustrado» —algo puesto de relieve en los análisis de Peter Sloterdijk en su *Crítica de la razón cínica*—,[60] no por ello deja atrás un fetichismo más sutil, como Slavoj Žižek pone de relieve en *El sublime objeto de la ideología*.[61]

La cuestión entonces no radica meramente en que los mecanismos ideológicos del encubrimiento queden atrás por una *posverdad* que se afirma insolentemente aun con sus trampas cognitivas, sino que, al contrario, estriba en que lo ideológico se sobrepuja en cuanto factor configurador de la realidad social misma: no solo la encubre, sino que la conforma. A tal papel determinante contribuye una cultura en la que se impone, más allá del disimulo, el simulacro, generalizado a partir de lo que

60 P. Sloterdijk, *Crítica de la razón cínica*, Madrid, Siruela, 2006.
61 S. Žižek, *El sublime objeto de la ideología*, Madrid, Siglo XXI, 2010.

desde décadas atrás se gestó como «apoteosis de la simulación» en un contexto nihilista en el que los significados se disipan en la ausencia de sentido.[62] La eficacia de la perversión cognitiva que supone la *posverdad* se gana desde ese contexto *sobreideologizado* porque la entrada en su juego cínico ocurre con el incremento de lo que Lacan denominó «plus de goce» al encontrar el individuo una recompensa al asumir una «verdad alternativa» respecto a hechos distorsionados o falsamente construidos. Tan así es que cabe pensar que la *posverdad* cifra su éxito en ofrecer a grupos sociales desclasados, desterritorializados, precarizados, etc., un cauce —maléfico, pero cauce al fin y al cabo— para encauzar lo que Peter Sloterdijk considera ira acumulada, en una especie de «thimotización» —aludiendo al *thymós* como la parte del alma que el mismo Platón presentaba como sede de la fuerza y la energía, pero también matriz de ambición o de cólera—, la cual, sin embargo, no da lugar en este caso a una movilización desde una dignidad menoscabada, sino al incremento de una *(in)cultura del odio* alimentada por el resentimiento.[63]

No solo un discurso ideológico, sino lo que Žižek llama el «fantasma ideológico», por la capacidad de absorción de la consciencia y la conciencia del sujeto, engancha a este desde sus carencias afectivas y la inseguridad existencial de un individuo que no deja de padecer un «narcisismo patológico».[64] Hasta tal punto es así que dicho individuo, acogiéndose a los mecanismos de desinhibición que le proporcionan los discursos de la *posverdad* para creerse sujeto de su acción, e incluso de alguna suerte de acción colectiva como puede ser la que se presenta encaminada a recuperar la soberanía nacional perdida, termina incor-

62 J. Baudrillard, *Cultura y simulacro*, Barcelona, Kairós, 2005, pp. 29 ss., 117 ss.
63 P. Sloterdijk, *Ira y tiempo. Ensayo psicopolítico*, Madrid, Siruela, 2010, pp. 154 ss.
64 S. Žižek, *Porque no saben lo que hacen. El sinthome ideológico*, Madrid, Akal, 2017, pp. 75 ss.

porando a sí el lenguaje seductor del cinismo al que se adhiere asumiendo como propio que «soberano es quien decide por sí mismo dónde y cómo quiere dejarse engañar».[65] Tal consentimiento con el engaño, en el que la capacidad de autoengaño puede llevar la credulidad al mayor extremo de ceguera culpable, es lo que el profesor de Lovaina Roland Breuer analiza como «reducción a la estupidez» *(reductio ad stupiditam)*, la cual desencadena, como ya se ha constatado, un deslizarse hacia las posibilidades más lamentables en cuanto a decisiones políticas.[66]

Si a lo que ya observaba Horkheimer relativo a cómo el sentimiento puede llegar a imponerse en forma de cinismo,[67] sobre todo cuando la razón baja la guardia —lo cual es fácil que ocurra bajo la presión de un contexto cultural marcadamente relativista o en el que incluso se viva intelectualmente bajo un «adiós a la verdad»—,[68] sumamos el dejarse llevar de los individuos hacia el gregarismo de un «pensamiento cautivo»,[69] tenemos los ingredientes de una dinámica de la *posverdad* aledaña de lógicas totalitarias. Cabe recordar cómo Hannah Arendt, además de poner el acento en que no hay política que de suyo pueda considerarse tal si escamotea la verdad de los hechos —lo cual es ya un ejercicio de violencia—,[70] identificó como uno de los rasgos definitorios de la dominación totalitaria el que los individuos lleguen a ver anulada «la distinción entre el hecho y la

65   P. Sloterdijk, *En el mundo interior del capital. Para una teoría filosófica de la globalización*, Madrid, Siruela, 2007, p. 88.
66   R. Breuer, *L.I.S. Lies-Imposture-Stupidity*, Vilna, Jonas ir Jokübas, 2019, pp. 33 ss.
67   M. Horkheimer, *Historia, metafísica y escepticismo*, Madrid, Alianza, 1982, p. 183.
68   Cf. G. Vattimo, *Adiós a la verdad*, Barcelona, Gedisa, 2010.
69   Cf. C. Miłosz, *La mente cautiva*, Barcelona, Galaxia Gutenberg, 2016.
70   H. Arendt, «Verdad y política», en *Entre el pasado y el futuro. Ocho ejercicios sobre la reflexión política*, Barcelona, Península, 1996, pp. 262 ss.

ficción», así como «la distinción entre lo verdadero y lo falso».[71] En un capitalismo cínico que ya no necesita de la hipocresía social, su descarnada mentira a gran escala verifica el *dictum* de Adorno al considerarla «una técnica de la desvergüenza».[72] Mas consistiendo en ello la «posverdad», y dada esa lógica totalitaria que lleva consigo hasta poder considerar a Goebbels un cualificado anticipo de la misma,[73] es cierto que, al menos, es «prefascismo».[74]

Con todo, las amenazas involucradas en la *posverdad*, en especial para la democracia como sistema político, se dotan de singular gravedad por cuanto aparecen normalizadas por los medios de comunicación y asentadas en amplios sectores de la ciudadanía a través de las redes sociales. Tal normalización no se ve frenada ni siquiera por todo lo que está en juego en una crisis de tal envergadura como la provocada por la pandemia de COVID-19, crisis sanitaria de alcance global que se suma a las que ya veníamos padeciendo desde tiempo atrás —en términos más inmediatos, la crisis socioeconómica desde el colapso financiero de 2008, y en términos de largo recorrido la crisis de la democracia y sus mecanismos de representación política, que se inscribe en esa crisis de la modernidad que empezamos a reconocerla con el rótulo de *posmodernidad*—. Aun en medio de la *globalización de la enfermedad* que la COVID-19 ha generado, se acusa en irrefrenables dinámicas de *posverdad* el efecto de la relativización de la verdad que la entrada en dicha *posmodernidad* trajo consigo.

La total subjetivización de cualesquiera pretensiones de verdad como ejercicio retórico sin otra finalidad que hacer valer posiciones de poder, sea en polémicas políticas, sea en disputas

71   *Id.*, *Los orígenes del totalitarismo*, Madrid, Taurus, 1999, p. 554.
72   T. W. Adorno, *Minima moralia*, *op. cit.*, §9: 27.
73   M. Ferraris, *Posverdad y otros enigmas*, *op. cit.*, p. 30.
74   Cf. T. Snyder, *On Tyranny: Twenty Lessons from the 20th Century*, Nueva York, Tim Duggan Books, 2017.

académicas —no se librarían las ciencias en general de tal des-
potenciación de sus aspiraciones de objetividad—, generaron
culturalmente un caldo de cultivo propicio, a pesar de las intenciones democráticas de discursos filosóficos como los de Richard
Rorty cuando este se aferra a un pragmatismo deweyano en el
que sobran las referencias a la verdad en un sentido más comprometido,[75] para una devaluación de la idea misma de verdad
con graves repercusiones más allá de lo epistemológico, hasta
alcanzar lo político. De suyo, el dilema entre absolutismo o relativismo al que se ha enfrentado filosóficamente la cuestión de
la verdad, cuando no se ha presentado a él una buena salida, una
vez descartado el absolutismo por no haber ninguna fundamentación última sobre la que sostener pretensiones de verdad, ha
dejado mucho terreno libre para que ganen espacio planteamientos relativistas. El caso es que el mismo «reconocimiento
de la contingencia» que afecta a nuestras pretensiones de verdad,
como Rorty señaló con ahínco, no implica tener que compartir su relativismo etnocentrista —en todo caso hablar de verdad
solo cabría *dentro* del nosotros de una comunidad cultural—,
pues es posible sostener pretensiones de verdad sobre apoyos
que no remitan, ni como ideal regulativo, a una verdad definitiva —ni siquiera en la habermasiana situación ideal de habla,
como argumenta su mismo colega Albrecht Wellmer—.[76] Con
todo, una vez que se dejó que posiciones relativistas ganaran
terreno facilitando que lo que fuera verdad no importara, no
deja de ser paradójico pretender que sea el arte, con la seriedad
de su mundo ficcional, el ámbito donde encuentre suelo para
arraigar una verdad expulsada de campos teóricos y prácticos,
esperando que incluso desde el arte se pueda atisbar el sentido

---

75 R. Rorty, *Forjar nuestro país. El pensamiento de izquierdas en los Estados
Unidos del siglo xx*, Barcelona, Paidós, 1999, pp. 19 ss.
76 A. Wellmer, *Finales de partida. La modernidad irreconciliable*, Madrid, Cátedra,
1996, pp. 175 ss.

que en una cultura nihilista se ha disipado. Es demasiado esperar del arte, máxime en tiempo de *posverdad*, por más que no sea ni mucho menos despreciable su papel para acompañarnos en el soportar nuestras incertidumbres.[77]

INJUSTICIA DE LA *POSVERDAD* Y CORRUPCIÓN DEL PODER. CONTRA LA MENTIRA Y FRENTE AL CINISMO, NECESARIA *POLÍTICA DE VERDAD* COMO CONDICIÓN PARA LA DEMOCRACIA

El fenómeno de la *posverdad* es una dinámica de injusticia. Su expresa fabricación de la mentira, con la «patología social de la razón»[78] que explota, supone una falta mayúscula de respeto hacia aquellos a quienes va dirigido el engaño, a la vez que cabe mencionar lo que supone no hacer justicia a los hechos como traición a la propia dignidad de quienes actúan en dirección opuesta a una mínima veracidad. Las palabras de María Zambrano al abordar cómo sembrar verdad ante tanto engaño dibujaban un panorama que bien puede ser el de hoy: «Y es la mentira, aparentemente vencedora, una sentencia de muerte. Mas no se siembra; esta mentira prolifera, ocupa la extensión que ella misma ha de ir haciendo, lo que fácil le resulta cuando todos los medios para ello están dispuestos».[79] Queda acometer una y otra vez la búsqueda de la verdad, aunque sea «desesperada», como la vivía Ernesto Sabato en medio de las situaciones en las que estaba inmerso.[80]

77 Z. Bauman, *La modernidad y sus descontentos*, Madrid, Akal, 2001, pp. 143-159.

78 A. Honneth, *Patologías de la razón. Historia y actualidad de la teoría crítica*, Barcelona, Katz, 2009, pp. 27 ss.

79 M. Zambrano, *Los intelectuales en el drama de España y otros escritos de la guerra civil*, Madrid, Trotta, 1998, p. 80.

80 E. Sabato, *Antes del fin*, Barcelona, Seix Barral, 2002, p. 19.

Contamos con que la voluntad de verdad anida en nuestro lenguaje y desde él nos hacemos la pregunta acerca de la verdad misma, al menos como pretensión que acompaña a la veracidad cual condición de quienes hablan para hacer posible la comunicación misma. A la cuestión de la verdad se accede por muchos caminos, porque la verdad, como el ser, se dice de muchas maneras —según podemos expresar parafraseando a Aristóteles—. No todas las vías de acceso son iguales; hay que tener en cuenta los distintos tipos de verdad dado su pluralismo,[81] y los diferentes modos de «contraverdad», al afrontar una pregunta que, por sus anversos y reversos, nunca deja de estar envenenada: ¿qué es la verdad?[82]

Frente a los devaneos en términos de *posverdad* hay que hacer valer que, efectivamente, la verdad es, antes que nada, una *cuestión de justicia*. Todos sabemos que la verdad que nos es necesaria, incluso la verdad teórica que nos es pragmáticamente imprescindible, queda torpedeada por la mentira. El problema del error, por tanto, con toda su importancia en cuanto a las pretensiones de verdad del conocimiento teórico, no es ni lo primero ni lo último. Ante él cabe recordar que la *razón teórica*, como enfáticamente subrayó Kant, se debe a la primacía de la *razón práctica*,[83] la cual se reconoce una vez establecida la distinción entre ambas, haciendo ver que se trata de la misma razón en la *diversidad de sus funciones* —siempre culturalmente mediadas.[84]

Sin duda, estuvo bien situarnos bajo un nuevo paradigma para reenfocar el problema de la verdad: el *paradigma dialógico del lenguaje*. La verdad no puede ser sino resultado cooperativo desde la intersubjetividad dialógica, logrado además en la perspec-

81 M.T. Ramírez, *Humanismo para una nueva época. Ensayos sobre el pensamiento de Luis Villoro*, México, Siglo XXI, 2011, pp. 154 ss.

82 H.-G. Gadamer, «¿Qué es la verdad?», en *Verdad y método II*, Salamanca, Sígueme, 1992, p. 51.

83 I. Kant, *Crítica de la razón práctica*, Madrid, Austral, 1981, pp. 169 s.

84 J. Habermas, *Pensamiento postmetafísico*, Madrid, Taurus, 1990, pp. 155 ss.

tiva de un nosotros abierto, dispuesto incluso a rebasar sus fronteras lingüísticas —la traducción es posible—. No cabe una verdad «solo para nosotros», pues el compromiso con la verdad implica mantener las pretensiones al respecto con razones susceptibles de ser compartidas por todos.

Es cierto que si la pretensión de verdad se reafirma en clave de intersubjetividad dialógica, esta, como han puesto de relieve Apel[85] y Habermas,[86] entraña la revalorización del *acuerdo* o el *consenso como criterio de verdad*. Lo que podamos pretender como verdadero tiene que responder al acuerdo entre quienes interactuamos comunicativamente. Y además, como todo lo humano, la verdad es histórica. Hegel tiene razón en cuanto a que solo en la historia maduran en cada caso las condiciones que nos permiten ganar lo verdadero, «que se abre paso al llegar su tiempo».[87] Sin embargo, desde la intersubjetividad no cabe verdad absoluta y ya el pretender alguna verdad concebida en tales términos nos sitúa bajo el «espíritu de la mentira» que cierra el paso para sostener desde nuestra finitud pretensiones de verdad que nos sirvan y nos dignifiquen.

El carácter del consenso como criterio regulativo exige replantear otros; por ejemplo, el de la correspondencia, entendiéndolo no como adecuación mecánica del concepto a la cosa, sino como el «ajuste» que logra nuestro pensamiento a la realidad en la que él mismo se ubica, correspondencia simbólicamente mediada. La coherencia también resulta replanteada como consistencia de los enunciados en teorías, o de las máximas y principios en el campo práctico. La evidencia también hay que tenerla en cuenta como apoyatura para lo que estimemos ver-

85   Cf. K.-O. Apel, *Teoría de la verdad y ética del discurso*, Barcelona, Paidós, 1991.

86   J. Habermas, «Teorías de la verdad», en *Teoría de la acción comunicativa: complementos y estudios previos*, Madrid, Cátedra, 1989, pp. 113 ss.

87   G. W. F. Hegel, *Fenomenología del espíritu*, México, FCE, 1966, p. 47.

dadero, pero liberándola de las trabas de una conciencia ingenua proclive al autoengaño. Hasta el rendimiento pragmático de nuestros conocimientos se tiene en cuenta como criterio, pero sin reduccionismo del problema de la verdad a una cuestión de utilidad.[88]

El consenso por sí mismo no hace la verdad, ni esta se puede identificar sin más con él. Sí es cierto, en cambio, que fuera de su búsqueda no es posible mantener pretensiones de verdad. El acuerdo es, por ello, el «lugar de la verdad». No solo se trata de un *lugar epistémico*, también de un *lugar moral*. La necesaria búsqueda de acuerdo exige el reconocimiento de todos los demás como interlocutores válidos, respetándolos en la dignidad que implica su derecho a tomar la palabra. El consenso como «lugar de la verdad» se apoya, pues, en exigencias incondicionales de *reconocimiento de la alteridad*.

Puesta de relieve la dimensión práctica de la verdad —nos permite hablar de «verdad moral»—, al verla como *una cuestión de justicia* quedamos obligados al restablecimiento de condiciones de *vida digna* para todos, que es lo que entraña un objetivo de justicia, para que se abra paso la verdad. Sin atender a exigencias morales de reconocimiento del otro estamos bajo situaciones de dominio en las que los errores palidecen al lado de las mentiras que ponen en marcha los que se hallan en posición de ventaja para la salvaguarda de sus intereses. Propiciar el encubrimiento ideológico implica una quiebra *culpable* de la voluntad de verdad, la cual llega a lo que hoy, de la mano de las tecnologías de la información y la comunicación, en plena exaltación de las emociones y con sobredosis de relatos ajenos a argumentaciones, denunciamos como trampa de la *posverdad*.

88   E. Dussel, *Filosofías del Sur. Descolonización y transmodernidad*, México, Akal, 2015, pp. 58 ss.; J.A. Pérez Tapias, *Universidad y humana dignidad. Verdades de las Letras frente al mercado de la posverdad*, Granada, Universidad de Granada, 2018, pp. 163 ss.

1. La infamia de la *posverdad* o la destrucción cínica de la democracia

Desde la intrínseca correlación entre verdad y justicia aparece la cuestión radical, tal como la formula Lévinas: «¿Por qué el bien y no el mal?». Como dice desde el arranque de su obra *Totalidad e infinito*, afrontarla supone encarar la cuestión de «saber si la moral es o no una farsa». Solo si no lo es, podemos tomarnos en serio la verdad a la vez que nos tomamos en serio la justicia. Para ello tenemos motivos y razones en el espacio para la verdad en que nos sitúa el otro que, desde su alteridad, nos interpela y nos obliga a la responsabilidad. Para Lévinas, «la verdad supone la justicia».[89] La exigencia de justicia, como previa y condicionante, nos hace hablar de la *verdad de la justicia* como la *verdad del sentido*.[90] Esa verdad que se revela con el otro, porque es revelación del otro, hace posible el conocimiento de las realidades de nuestro mundo. A esta otra dimensión corresponde lo que se logra fijar en lo *dicho*, mientras que aquella primera se mueve en la onda del *decir*. Este se configura como discurso de la *verdad que se testimonia*, diferente de la verdad de lo *dicho* (proposiciones, teorías y sistemas), que se verifica, se comprueba, se demuestra... Ese *sentido testimoniado* es el que se vivencia desde la responsabilidad del *uno para el otro* definitoria de nuestra *humanidad*, que *en verdad* nos constituye como sujetos.

En *De otro modo que ser*, Lévinas insiste en la responsabilidad para con los otros que nace en la relación en que somos interpelados, la cual no se agota en el cara-a-cara.[91] La proximidad se abre a la *projimidad* por la irrupción del *tercero*, otro del otro, desde el que la demanda de justicia se hace más densa, recordando que el mismo amor interpersonal entre dos tiene como condición moral esa justicia a la que apela el tercero. Es este, y la condición de todos como «terceros», lo que sitúa la socialidad

89   E. Lévinas, *Totalidad e infinito, op. cit.*, pp. 112 ss.
90   J.A. Pérez Tapias, *Del bienestar a la justicia, op. cit.*, 59 ss.
91   Cf. E. Lévinas, *De otro modo que ser o más allá de la esencia*, Salamanca, Sígueme, 1987.

en el orden político, al cual hay que llevar la exigencia de justicia. La organización política de lo social, la búsqueda de la justicia, requiere la representación, el cálculo, el conocimiento objetivo, incluido el del hombre y la sociedad, que podemos considerar verdadero. Todo ello con ese enfoque de la justicia en cuanto exigencia moral que ha de marcar las reglas de un ámbito político, con su legalidad e instituciones, que *siempre* es nuestra responsabilidad. Así nos situamos en las antípodas de la política que la *posverdad* ampara. Es necesaria y posible una «política de verdad» con *sentido*.

¿Cómo mantener exigencias de justicia en medio de tantos conflictos de intereses? ¿Cómo sostener el empeño a favor de derechos humanos para todo si no es desde el convencimiento de mi previo deber de velar por los derechos del «otro hombre»? Tiene que ser verdad el *sentido* que en todo ello está en juego, de lo contrario no hay moralmente nada que hacer. ¿Por qué, si no, hemos de tratar de llegar a acuerdos con los demás, como los de la democracia? ¿Por qué, si no, he de renunciar a intereses hasta legítimos —«a quitarme el pan de mi boca», llega a decir Lévinas— para responder al otro que me interpela?

Sin el *sentido* de la «verdad moral» nos hundimos en la barbarie. Dicha verdad no se sostiene con los mismos criterios que la verdad en otros sentidos —ni verificación empírica, ni demostración, ni fundamentación deductiva, ni fundamentación trascendental—. Tiene su condición en la justicia, su criterio en la responsabilidad y su contenido, inseparable de la *humanidad* que se me «revela» desde el otro que me cuestiona. Su *sentido* no está dado de antemano, ni garantizado; es el *sentido* que se testimonia, esto es, del que se da fe moralmente, y así se «verifica»: verificación ética y no al modo de la contrastación empírica, puesto que su *valor de verdad* depende de la praxis que responde a ella y que responde de ella.

La «verdad moral» hemos de llevarla a la política para inyectar en nuestras mortecinas democracias, conformistas y alienadas

—hay alienación del ciudadano que fácticamente se despoja de esa condición, quedando reducido a consumidor, también consumidor en el mercado político de las ofertas electorales—, la savia moral que puede revitalizarlas. Tomarse la democracia en serio, con lo que conlleva de tomarse a los individuos en serio, es tarea de los mismos individuos como ciudadanos.

Una *política de verdad*, esto es, orientada desde el punto de vista moral hacia objetivos de justicia es necesaria empresa paradójica. Se trata de humanizar una política que no deja de organizarse como estructura de poder, pero inyectando la pretensión de hacer avanzar la «civilización» del poder, recortando al máximo su componente de dominio. Sin embargo, la organización política estatal, aun en el más escrupuloso Estado de derecho, implica la coacción que precisamente el derecho supone, lo que Weber enunció como «monopolio de la violencia legítima». Así, el espacio de la democracia constitucional se delimita entre la justicia como objetivo y el poder como medio.

¿Cómo lograr el equilibrio entre fin y medios, para que los medios no absorban el fin y, luego, de rebote, el fin no justifique los medios? Es ahí donde se inserta el compromiso político moralmente motivado, orientado éticamente si no quiere naufragar en cuanto a su sentido. Una ciudadanía activa, crítica y solidaria es la que puede poner el poder, como capacidad colectiva, al servicio de la justicia. Esa es la *verdad de la política*: su verdad moral, ciertamente, sin la cual deriva en negocio —así lo señala Horkheimer al hablar del «anhelo de lo totalmente otro»—,[92] y de la cual podemos decir que es «metapolítica», puesto que viene de fuera de la política a darle el sentido que la sola dinámica del poder no le confiere. La *posverdad*, por el contrario, cercena las condiciones mismas de la política, generando desde esta la autoliquidación de la misma que, en lo que

---

92 M. Horkheimer, «El anhelo de lo totalmente otro», en *Anhelo de justicia. Teoría crítica y religión*, Madrid, Trotta, 2000, pp. 168 ss.

algunos llaman «pospolítica», no es sino la antipolítica alimentada desde prácticas abusivas del poder que bien podemos interpretar como medular corrupción del poder mismo.

Esa «verdad moral» relativa a nuestra *humanidad* es baluarte ético para resistir a la barbarie, a todo lo *inhumano* que nos *deshumaniza*. La barbarie necesita de la mentira. El sacrificio de la «verdad factual», tal como se promueve bajo la etiqueta de «posverdad», no hace sino negar los hechos, deformando la historia e imposibilitando la memoria, todo ello consustancial a la barbarie que se induce, se tolera o se lleva a cabo políticamente. Las experiencias de resistencia, de testimonio de todos los que han arrostrado la lucha desigual frente a la barbarie de los sistemas totalitarios y tantas dictaduras como nuestra humanidad ha conocido, muestran que sin la apoyatura de la «verdad moral», las razones que nutren la propia convicción, no se puede resistir a la mentira organizada.

Es necesario, pues, extremar la vigilancia frente a las formas livianas de barbarie, como las que alentadas por la demagogia se incuban en sociedades democráticas que, entre el consumismo y la tecnocracia, descuidan sus instituciones políticas, ahogan el ejercicio de la ciudadanía y asfixian la autonomía de los sujetos. Desde esta vigilancia hemos de estar listos para reaccionar frente a las formas brutales en las que la quiebra del derecho conduce a la violencia irrestricta capaz de llevar la negación del otro —y con ella la destrucción de uno mismo— hasta el asesinato. Coartadas no faltan. Dado que desde la dinámica de la *posverdad* se nos sirven en bandeja, necesitamos reforzar nuestras buenas razones para un *compromiso de verdad*. Sin él, la convivencia entre humanos se hunde, no solo por la negación de la verdad de los hechos, sino además por la quiebra de la confiabilidad sobre la que las relaciones humanas pueden asentarse.

Renunciar a un *compromiso de verdad*, que es *condición para la democracia*, supone instalarse pasivamente en un nihilismo al que se le concede la victoria como dueño y señor de nuestras sociedades —mucho más, por tanto, que como el «huésped inquietante» que Nietzsche anunciara— y, por consiguiente, ceder al contrasentido del irracionalismo que la *posverdad* consagra. Para evitar dicha claudicación es para lo que hace falta el «contrapoder» democrático que ponga freno a los abusos del poder también en el terreno epistémico, toda vez que lo valioso de la verdad se considera imprescindible para la vida política,[93] dada «la función sociocultural de los actos cognitivos».[94] Si el cultivo del juicio crítico es el camino para reforzar la capacidad de resistencia frente a los engaños de la *posverdad*, es cierto que su ejercicio requiere el despliegue de la retórica como la habilidad comunicativa que necesitan los buenos argumentos en espacio público. Es en ese sentido en el que la intersubjetividad discursiva es «presupuesto para la política»,[95] lo cual se corresponde con lo que ha de ser el marco que ofrezca una cultura verdaderamente democrática —«ilustrada», en el mejor sentido del término—.[96] Desde dicho marco es como se puede desplegar una retórica que, como ya decía Aristóteles en su tratado sobre el «arte de la persuasión», ha de verse regida por «la verdad y la justicia»;[97] es decir, una retórica que sea lo contrario de la perversa retórica que en la *posverdad* se pone al servicio de la mentira y la injusticia.

---

93   L.Villoro, *El poder y el valor. Fundamentos de una ética política*, México, FCE, 1997, pp. 86 ss.

94   M.T. Ramírez, «Sabiduría y comunidad. Correspondencias entre la epistemología y la filosofía política de LuisVilloro», en *Luis Villoro. Pensamiento y vida*, México, Siglo XXI, 2014, p. 70.

95   D.E. García González, *Del poder político al amor al mundo*, México, Porrúa, 2005, pp. 60 ss.

96   C. Pereda, *Razón e incertidumbre*, México, Siglo XXI, 1994, pp. 254 ss.

97   Aristóteles, *Retórica*, Madrid, Gredos, 1997, 1.5, 20, p. 33.

2. Filosofía y política, verdad y justicia, en los momentos «fundacionales»
Una mirada retrospectiva junto a Hannah Arendt

Las tensiones unas veces y los acercamientos otras marcan las relaciones entre filosofía y política. Así fue en la Grecia clásica, cuando la filosofía nace como nueva forma de ejercicio de la razón y cuando la política da de sí la democracia ateniense. Las figuras de Sócrates y Platón, próximas pero distintas, muestran importantes matices que las diferencian al abordar la relación entre filosofía y política, entre el conocimiento de la verdad y una realidad política que oscila entre los abusos del poder y la participación de los ciudadanos. Un vector destaca como herencia socrático-platónica la idea de justicia como rectora para el orden político y para la educación de la ciudadanía. Hannah Arendt ofrece perspectivas para releer los orígenes de una historia que llega hasta nosotros.

SÓCRATES EN LA FRONTERA: CUANDO FILOSOFÍA Y POLÍTICA INTERCAMBIABAN SUS VERDADES

Hubo un tiempo en la historia de la tradición cultural de lo que llamamos Occidente en el que filosofía y política —la filosofía entonces emergente y cierta política que en la misma época podía nacer— parecían llamadas a entenderse. Fue cuando surgió en la Atenas del siglo v a.C. la figura de Sócrates. A pesar de

haber llegado hasta nosotros envuelta en brumosos relatos fundacionales —en lo que a los orígenes de la filosofía se refiere—,
su conocimiento es posible a través del protagonismo estelar que
Platón le otorga en sus *Diálogos*, así como gracias a esas otras
fuentes que van desde Aristófanes y Jenofonte hasta Aristóteles.
La figura del inventor de la *mayéutica*, y de la irónica *sabiduría
negativa* del solo saber que no se sabe nada, es la que encontramos
como axial en ese momento en que la política descollaba en
Grecia como el ámbito de la acción más valiosa a la que el hombre podía dedicar sus energías; y la filosofía, a su vez, como el
saber orientado a esa acción que invitaba a involucrarse en ella.

Con palabras que hoy nos pueden parecer muy adecuadas a
los tiempos que vivimos, según recoge Antonio Tovar en su *Vida
de Sócrates*, este en cierto momento se dirigió al joven Cármides
diciéndole: «Debes ir a las asambleas, dar tu buen parecer, apoyar
lo justo y protestar cuando veas que se equivocan». Quien así se
expresaba solo podía hacerlo desde la convicción acerca de la
necesidad de implicarse en todo aquello que es propio del gobierno de la ciudad, y no por un mero cálculo de intereses en
torno a lo que pudiera sacar como ganancia, sino, todo lo contrario, por un profundo sentido moral del deber político.[1]

El impresionante texto platónico de la *Apología de Sócrates*
recoge sobradas muestras del compromiso con su ciudad de
quien se defendía ante la Asamblea de las graves acusaciones que
se le imputaban, acompañadas por parte de los acusadores por
la despiadada petición de la pena de muerte. En medio de su
bien articulada defensa, Sócrates no dejaba de subrayar su compromiso con la *polis*, posponiendo todo lo demás, y ello como
algo que ya venía exigido por el imperativo ético de «ser lo
mejor» siendo a la vez «lo más sensato posible» —vínculo entre
conocimiento y virtud, que en la mentalidad socrática no podía
ser sino indestructible—:

---

1 A. Tovar, *Vida de Sócrates*, Barcelona, Círculo de Lectores, 1986, pp. 298-299.

2. Filosofía y política, verdad y justicia, en los momentos «fundacionales»

¿Qué merezco sufrir o pagar porque en mi vida no he tenido sosiego, y he abandonado las cosas de las que la mayoría se preocupa: los negocios, la hacienda familiar, los mandos militares, los discursos en la asamblea, cualquier magistratura, las alianzas y luchas de partido que se producen en la ciudad, por considerar que en realidad soy demasiado honrado como para conservar la vida si me encaminaba a estas cosas? No iba donde no fuera de utilidad para vosotros o para mí, sino que me dirigía a hacer el mayor bien a cada uno en particular, según yo digo; iba allí, intentando convencer a cada uno de vosotros de que no se preocupara de ninguna de sus cosas antes de preocuparse de ser él mismo lo mejor y lo más sensato posible, ni que tampoco se preocupara de los asuntos de la ciudad antes de la ciudad misma y de las demás cosas según esta misma idea.[2]

Quien así se dirige a quienes lo juzgan es quien además declara que eso «divino y demoníaco» que lleva en sí —el *daimon* socrático— es lo que se ha opuesto a que «ejerza la política», por lo que gracias a ello ha podido volcarse en «tratar de impedir que sucedan en la ciudad muchas cosas injustas e ilegales».[3] Es decir, Sócrates justifica su alejamiento de la expresa actividad política para dedicarse a la crítica y orientación ética de la política, esto es, a la política en su más profundo sentido. Es lo consecuente en quien afirma que es «malo y vergonzoso cometer injusticia»,[4] y que en todo caso es preferible incluso padecerla antes que actuar injustamente con otros, extendiendo tal principio a la ciudad misma a la que se debe: preferible acatar la ley de la ciudad, aun cuando suponga la muerte, antes que proceder injustamente respecto a ella —lo que no quita la con-

---

2 Platón, *Apología de Sócrates*, en *Diálogos I*, Madrid, Gredos, 2000, 36b-c.
3 *Ibid.*, 31d-e.
4 *Ibid.*, 28b.

ciencia sobre el valor que el recuerdo de dicha muerte ejercerá como imperecedera denuncia de la injusticia cometida, por más que se ampare bajo la legalidad: la aceptación de la condena por parte de quien se sabe inocente y además lo demuestra ante el tribunal que lo juzga, aparecerá como acusación en falso de quienes traicionaron a la ciudad abusando de sus leyes—. Con Sócrates quedó patente para la posteridad el nexo entre la filosofía entendida como «praxis dialógica» y —como dice el profesor Cerezo— el «vínculo de civilidad» transindividual que el diálogo crea, vínculo realzado por la muerte que selló la trayectoria de su vida.[5]

No le falta razón a Hannah Arendt cuando ve en ese Sócrates, leal a la *polis* hasta asumir por ella su propia muerte, la figura en la que filosofía y política más se aproximan. Puede decirse que todavía era así desde una confianza recíproca aún no desmentida, y ello a pesar de las turbias maniobras inherentes a una política que acaba en la injusticia, o del saber que por parte de los sofistas se vende al mejor postor como conocimiento experto para una política como negocio. La virtud socrática, imbuida de un heroísmo cuasi homérico, se sobrepone tanto a la corrupción de la política como a la contaminación de la recién nacida filosofía. Y así hasta el proceso que lo llevó a administrarse la cicuta a sí mismo devolviendo con su gesto a sus jueces la condena por corrupción de la juventud e impiedad respecto a los dioses que injustamente habían lanzado sobre él. Convertido en chivo expiatorio de una ciudad —de una oligarquía— temerosa de la disolución de sus valores que llevaban a cabo los sofistas con los que Sócrates, sin serlo, trataba, el condenado a muerte que se aplica a sí mismo la sentencia no deja de pensar en la dignidad de la filosofía y en la justicia de la *polis*: la heroicidad de su gesto es el culmen de una virtud en la que empeño filosófico y compromiso político se funden desde una consciencia y una

5   P. Cerezo, *El diálogo, la razón civil, op. cit.*, pp. 48 ss.

conciencia —fusionadas a su vez en el *daimon* al que Sócrates se remitía como lo más hondo de sí— para las que ambas cosas, en lo que había de ser su más excelsa realización, se debían la una a la otra.

A diferencia de lo que ocurrirá con el posterior sesgo platónico de la filosofía, Sócrates no parecía aspirar a que el filósofo tuviera papel alguno como gobernante, sino a capacitar a los ciudadanos para una mejor participación en la vida de la *polis*. A ello se vería conducido Sócrates desde su fidelidad al lema délfico del «conócete a ti mismo», el cual, llevado al terreno del compromiso con la ciudad, impulsaría a querer hacer a esta más veraz, «alumbrando —como subraya Arendt— en cada ciudadano su verdad». Dicho propósito aún no iba asociado a la contraposición posterior entre la *doxa* como mera opinión y la *episteme* como conocimiento verdadero, con las consecuencias políticas que se seguirían de encumbrar a este por el carácter universal y necesario que se le atribuiría, sino que desde una posición más modesta y flexible —más democrática, si se quiere— se pretendía encaminar hacia la acción política la axiomática correlación entre virtud y conocimiento en la que todo humano habría de moverse para vivir dignamente. No se trataría de destruir la *doxa* en aras de un conocimiento superior, sino de hacer aflorar su potencial de verdad. Hannah Arendt, aludiendo a imágenes estrechamente asociadas a la figura socrática, lo recoge así:

> El papel del filósofo, entonces, no es el de gobernar la ciudad, sino el de ser su «tábano», no es el de decir verdades filosóficas, sino el de hacer a los ciudadanos más veraces. La diferencia con Platón es decisiva: Sócrates no deseaba tanto educar a los ciudadanos como mejorar sus *doxai*, que componían la vida política de la cual también él formaba parte. Para Sócrates, la mayéutica era una actividad política, un dar y tomar, fundamentalmente sobre la base de una estricta igualdad, cuyos frutos no

podía ser valorados en función del resultado, de llegar a esta o aquella verdad general.[6]

Con una valoración de la figura de Sócrates muy distante de la que otros han sostenido —en el extremo opuesto podría estar la de Nietzsche—, la interpretación arendtiana lleva a poner de relieve el contraste con la de Platón, haciendo hincapié a partir de ahí en cómo el autor de la *República*, a pesar de la deuda con su maestro y del papel que le hace interpretar en sus diálogos, se alejó de los planteamientos de este, tanto en lo relativo al conocimiento verdadero al que debía aspirar la filosofía como en lo tocante a las relaciones entre filosofía y política o, personalizándolo, al papel del filósofo en relación con esta. Por ello, si Arendt aprecia muy positivamente la «función política del filósofo» tal como se puede entrever en Sócrates, haciendo hincapié en que su «solo sé que no sé nada» es también declaración inequívoca de que no se posee una verdad definitiva que marque sin discusión la pauta de lo político, pone de relieve además la sintonía efímera que en tal momento pudo darse gracias a una relación «todavía intacta» entre la política y la experiencia específicamente filosófica.[7] No obstante, aquello que constituyó el punto de arranque de la reflexión filosófica de Platón y, por supuesto, de su actitud hacia la política, es decir, la condena a muerte de Sócrates en el año 399 antes de nuestra era, habría de mostrar que ya existía un elemento de tensión en las relaciones entre el filósofo y la *polis*, a pesar de la buena voluntad con que él trató de articularlas, plenamente convencido del valor de la acción política y de la dignidad de la política como espacio público en el que se juega la *humanización* de los individuos. Para Arendt, la humildad de Sócrates no solo respecto a la verdad, sino respecto a sus conciudadanos, considerando a todos capaces

6   H. Arendt, *La promesa de la política*, Barcelona, Paidós, 2008, p. 53.
7   *Ibid.*, p. 73.

de un conocimiento verdadero políticamente relevante, no pudo evitar la desconfianza hacia él de la oligarquía dominante y la suspicacia de esta hacia un saber que escapaba a su control —corruptor de jóvenes—:

> El conflicto entre la filosofía y la política, entre el filósofo y la *polis*, estalló no porque Sócrates hubiese deseado desempeñar un papel político, sino porque quiso convertir la filosofía en algo relevante para la *polis*. Este conflicto se hizo tanto más agudo en tanto que su intento coincidió (aunque probablemente no fuese mera coincidencia) con el rápido declive en la vida política ateniense durante los treinta años que separan la muerte de Pericles del juicio de Sócrates. El conflicto terminó con la derrota de la filosofía: solo a través de la conocida *apolitia*, la indiferencia y el desprecio por el mundo de la ciudad, tan característico de toda la filosofía posterior, pudo el filósofo protegerse de las sospechas y las hostilidades del mundo que le rodeaba. Con Aristóteles comienza el tiempo en que los filósofos ya no se sienten responsables de la ciudad, y ello no solamente en el sentido de que la filosofía no tenga una tarea específica en el terreno político, sino en el sentido mucho más importante de que el filósofo tiene menos responsabilidad hacia ella que cualquiera de sus conciudadanos: el modo de vida del filósofo es distinto. Mientras que Sócrates aún obedeció a las leyes que le habían condenado, por erróneas que fuesen, porque se sentía responsable de la ciudad, Aristóteles, cuando se halló en peligro de un juicio similar, dejó Atenas inmediatamente y sin ningún arrepentimiento. Se le atribuye la afirmación de que los atenienses no pecarían dos veces contra la filosofía.[8]

¿Qué pasó, según la reconstrucción arendtiana, entre la entrega de Sócrates a la ciudad y el distanciamiento de Aristóteles res-

---

8 *Ibid.*, pp. 63-65.

pecto a ella? En la obra de Platón está la clave, la cual, recogiendo sus planteamientos respecto a la política y a la relación de la filosofía con ella, es el punto de arranque de toda una tradición de pensamiento político que recorre la filosofía occidental. Arendt, como telón de fondo de la reflexión de Platón al respecto, señala la importancia de dos modos de vida que desde entonces se separaron, para llegar en muchos momentos a posiciones antagónicas desde las que es difícil tender puentes de uno a otro. El *bios theoretikos* consagrado por Platón como modo propio de la filosofía, o al que aspira el filósofo en cuanto tal, pasó a situarse en órbita distinta de todo aquello que pudiera contaminar el acceso al conocimiento verdadero, como sin duda era, entre otras cosas, la política misma, siempre atravesada por intereses espurios. Es el ideal que hizo que la filosofía se alejara de la acción, y no ya solo de la acción como *poíesis*, hacer vinculado a las cosas, sino incluso como *praxis*, acción que tiene en sí misma su sentido como actividad en la que el hombre se hace a sí mismo, personal o colectivamente. La *vita activa* quedó así devaluada a los ojos de la filosofía, que puso su mira en una vida contemplativa —ideal griego que luego resultó trasplantado al cristianismo por la helenización—, imbuida de cierta conciencia sobre el modo más elevado de vida hasta el punto de considerarse «superior al modo de vida político del ciudadano en la *polis*».[9]

Nada, por tanto, fue igual después de Sócrates. La filosofía, aun con el giro ético-antropológico que el pensamiento socrático le imprimió, no pudo moverse desde entonces por la frontera que la separaba y relacionaba con la política con la «inocencia» propia de esa efímera etapa de sus tiempos fundacionales. No cabe duda de que Sócrates, transitando entre la filosofía y la política como lo hacía, era un «hombre de frontera», de esos que en todos los tiempos son necesarios para trascender las barreras

9   H. Arendt, «Labor, trabajo, acción», en *De la historia a la acción*, Barcelona, Paidós, 1995, p. 90.

—sociales, políticas, religiosas, culturales— que los humanos creamos con intención de protegernos (de otros humanos) y que, por el contrario, acaban actuando contra los mismos que las erigen —aplicamos a Sócrates la idea de *fronterizo* sugerida por Amin Maalouf en *Identidades asesinas*,[10] refiriéndose a quienes, sin miedo, son capaces de atravesar «fronteras» para aproximar a los distantes y diferentes—. Tras él, la filosofía se situó en un lado de su propia delimitación fronteriza, dejando en el otro una política por ella misma devaluada —bien es verdad que en correspondencia con una inversa devaluación política de la filosofía—, con la que sin embargo siempre quiso conectar, pero las más de las veces desde un idealismo racionalista tan impotente como engreído. El filósofo y el político quedaron, desde entonces, como dos figuras que se remitían la una a la otra, pero, salvo excepciones, dándose la espalda.

PLATÓN Y SUS MUNDOS

No hay comentarista que no subraye la decisiva influencia que tuvo en Platón la muerte de Sócrates. Aun con distintos acentos, todos vienen a insistir en cómo la orientación de su pensamiento quedó marcada por ese hecho, y tratándose de una filosofía que había de afrontar su propia relación con la política, la manera en que la reflexión platónica la aborda quedó condicionada de raíz por el modo en que se valoró y tematizó la condena que recayó sobre Sócrates.

Si se puede atribuir al Sócrates histórico una clara intención de aproximar la filosofía a la política, todavía con una actitud favorable hacia esta y hacia el papel que en relación con ella pudiera desempeñar la misma filosofía «desde abajo», es decir, desde el diálogo mayéutico y la maduración crítica de las opi-

---

10   A. Maalouf, *Identidades asesinas*, Madrid, Alianza, 1999, p. 50.

niones de los ciudadanos, es muy distinto el caso de Platón. Este parte de un desengaño total respecto de la política, motivado por la crítica hacia una *polis* que ha permitido que su ciudadano más virtuoso sea acusado en falso, juzgado sin razón y condenado a morir —por no querer asumir el destierro, lo que para el ciudadano Sócrates significaba la insoportable indignidad de una muerte cívica mucho peor que la muerte física—. Para un Platón desencantado con una política que arrastraba a Atenas hacia la decadencia no era razón suficiente, para la defensa del pretendido orden justo de la *polis*, el hecho de que el mismo Sócrates condenado, y convencido de que es preferible «la muerte antes que el destierro»,[11] por ser deber moral «morir o sufrir cualquier otro daño, antes que obrar injustamente»,[12] concluyera que no había que cuestionar las leyes y los tribunales por los que se rige la propia ciudad porque eso atentaría contra la justicia de la ciudad misma. Platón, discípulo de Sócrates, ensalzó a su maestro a la vez que se desmarcaba de él desde el comienzo. Es decir, Platón se rindió ante la heroica virtud de Sócrates, pero dejando de compartir su planteamiento ético-político, que es lo que lo llevaría a una distinta consideración de la filosofía y de sus objetivos respecto a la política.

Sócrates tenía asumidas las burlas hacia los filósofos que tan frecuentes eran en la *polis*. Las afrontaba con suficientes dosis de ironía, sin que por eso menguara su empeño en impregnar la política de criterios éticos. Era muy consciente de lo que la situación podía dar de sí y, por consiguiente, de la tensión entre los ideales de una política según criterios de justicia y la realidad de una vida política alejada de ellos. No por eso desistió de un compromiso filosófico de cara a la política que podemos considerar muy en consonancia con el espíritu democrático que había marcado la Atenas de Pericles: el quehacer de la filosofía se

11 Platón, *Critón*, en *Diálogos I*, Madrid, Gredos, 2000, 52c.
12 *Ibid.*, 48d.

inscribía en el diálogo entre conciudadanos, apuntando hacia una «política de la amistad» en la que viniera a cuajar la fructífera relación entre la filosofía y lo que podría llamarse la *filopolis*, el amor a la ciudad. Diferente serán la actitud y el enfoque platónicos, pero siempre les rondará la tremenda paradoja que supone una filosofía que es necesaria para la misma ciudad que llega a rechazarla, como trágicamente muestra el caso de Sócrates, cuya condena pone a prueba «la vocación política de la filosofía» —como lo expresa Donatella Di Cesare en libro con ese título—, a la vez que contribuye a reafirmarla como filosofía *atópica* (fuera de lugar) por su «pensar subversivo».[13]

De filosofía y política en clave de verdad…

En la filosofía de Platón el interés por la política no da lugar a un capítulo más, añadido a otros, sino que es nuclear. Así se aprecia en toda su obra, pero es singularmente patente en la *República*. Desde sus páginas se evidencia que la misma concepción de la filosofía y su pretensión de conocimiento verdadero están estrechamente conectadas a la forma en que entiende la política que debe realizarse, es decir, a su punto de vista normativo respecto a lo que la *polis* debe ser y a cómo ha de llevarse a cabo en su seno una política inspirada en la justicia que se ha de perseguir. Así, su misma noción de conocimiento verdadero —la *episteme* contrapuesta a la *doxa*— nace asociada a la idea del filósofo que, por acceder a dicho conocimiento, objeto de la auténtica sabiduría, ha de gobernar la ciudad para realizar en ella la justicia.

El planteamiento platónico parte del fracaso de Sócrates en su pretensión de convertir la filosofía en algo relevante para la

---

13   D. di Cesare, *Sobre la vocación política de la filosofía*, Barcelona, Gedisa, 2021, pp. 48 s., 171 s.

polis. La cuestión estriba en que Platón, ante el desengaño sufrido, no desiste de establecer un claro vínculo entre filosofía y política, sino que sitúa el empeño bajo un nuevo enfoque. Este, paradójicamente, se caracteriza por un doble movimiento que hará más difícil la conexión. Por una parte, la filosofía se eleva a la mencionada *episteme* —con la que se identifica—, entendida como conocimiento que es verdadero por ser necesario, universal y por causas, el cual, para cubrir tales expectativas, ha de recaer sobre las *formas* o *ideas* relativas a las esencias, integrantes de ese mundo trascendente en el que la verdadera realidad se halla esclarecida bajo la luz que irradia la idea del Bien. Por otra parte, la política se ve inscrita en el mundo de las deficientes realidades terrenales, sujeta a las tensiones de las relaciones de poder y a los vaivenes de las fluctuantes opiniones de quienes en su ámbito se mueven como ciudadanos.

En la política cismundana impera la *doxa*, conocer deficitario, condicionado por intereses, lejos del verdadero conocimiento que tiene su clave de bóveda en la idea del Bien y, políticamente, en la idea de justicia que desde aquella se desprende para la vida de la ciudad. ¿Cómo aproximar esos dos mundos que se perciben tan distantes? Ese es el problema de Platón, de su pensamiento político y de su filosofía en general: dar cuenta de la relación entre esos dos mundos, el de las precarias realidades terrenales y el de las realidades ideales, habida cuenta de que el primero es en cuanto participa del segundo y que solo desde este segundo tiene sentido la realidad en conjunto. La semilla del idealismo está sembrada en la filosofía platónica y desde ese idealismo piensa la política y la relación de la filosofía con ella.

Como bien señala Hannah Arendt, en la tan comentada alegoría de la caverna del libro VII de la *República*, Platón no solo habla de la tarea del filósofo en relación con los demás hombres en general, sino que en ella está condensada la misión del filósofo en relación con sus conciudadanos, siendo en todo caso ese quehacer el que se extrapola a una escala más amplia. Tras desvelar el origen de las sombras que, en una existencia sometida a la penumbra de la caverna, percibe el común de los mortales —conocimiento dóxico—, e ir más allá, saliendo al exterior, hasta acceder a la inteligibilidad de la realidad gracias a la luz del sol —idea del Bien, «más allá de la esencia», que posibilita el conocimiento de todas las demás ideas, incluyendo la de justicia—, el filósofo ha de volver con los prisioneros para liberarlos y ponerlos en el camino de la verdad.

La verdad acerca de la realidad (del mundo trascendente y, a su través, del mundo de la inmanencia que depende de aquel), la verdad sobre lo humano y la verdad sobre la política misma en cuyo ámbito el hombre ha de realizarse, son coincidentes, y es la verdad además cuyo conocimiento capacita para la realización de lo bueno, esto es, para la vida virtuosa. El filósofo, conociendo esa verdad, no puede retenerla para sí, sino que ha de difundirla y aplicarla, es decir, promover que se lleve a cabo en la *polis* lo que esa verdad teóricamente conocida —contemplada— implica para la acción. Tal es el plan diseñado por Platón, que acaba concretándolo por boca de Sócrates, que lo expone de la siguiente manera al detallar cómo y con qué criterios ha de constituirse la asamblea de magistrados que gobierne la ciudad:

> Y una vez hayan llegado a cincuentenarios, a los que hayan sobrevivido y descollado siempre y por todos los conceptos en la práctica y en el estudio hay que conducirlos ya hasta el fin y obligarles a que, elevando el ojo de su alma, miren de frente a lo que proporciona luz a todos; y cuando hayan visto el bien en sí, se servirán de él como modelo durante el resto de su vida, en que gobernarán, cada cual en su día, tanto a la ciudad y a los particulares como a sí mismos; pues, aunque dediquen la mayor parte del tiempo a la filosofía, tendrán que cargar, cuando les llegue su vez, con el peso de los asuntos políticos y gobernar

uno tras otro por el bien de la ciudad y teniendo esa tarea no tanto por honrosa como por ineludible.[14]

No deja de sorprender que Platón, proponiendo sin ambages su teoría de los filósofos gobernantes —el filósofo rey al frente del Estado—, reconozca a la vez que la tarea política que debe asumirse es obligación insoslayable, aunque no sea deseada por los filósofos, no solo por lo ingrato de todo lo que conlleve esa «vida activa» entre las sombras —y mezquindades— de este mundo, sino por apartarlos de la misma dedicación a la filosofía —incomparable la excelencia de la «vida contemplativa»—. El caso es que Platón no ceja en el empeño por más que parta de la seguridad —siempre teniendo en mente la condena a Sócrates— de que la filosofía «ha sido injustamente atacada».[15] Sin embargo, frente a tal convicción pesa más la exigencia ética de una virtud que, asociada al conocimiento de la verdad, no puede desentenderse del compromiso con lo que afecta a todos, que es lo que se dirime en el ámbito político. Por ello, reconociendo que la empresa es «peligrosa» y que verdaderamente «lo hermoso es difícil» —nunca se deja atrás la correlación entre lo bello, lo bueno y lo justo, apreciada desde lo verdadero—, subraya, mediante declaración de Sócrates en el diálogo, que la cuestión es «cómo debe practicar la filosofía una ciudad que no quiera perecer».[16] Si la justicia es virtud del ciudadano que ha de encarnarla en el logro de su «armonía» personal y desde ahí se proyecta al equilibrio armónico que ha de procurarse en el Estado, también la filosofía es, además de objeto de la más alta dedicación humana, necesidad de la ciudad misma para estructurarse conforme a esa idea de justicia que emana del Bien. El imperativo, pues, es multidireccional: hacia los filósofos, para que

---

14 Platón, *La República, op. cit.*, 540 a-b.
15 *Ibid.*, 497a.
16 *Ibid.*, 497d.

2. Filosofía y política, verdad y justicia, en los momentos «fundacionales»

no eludan la acción política, y hacia los gobernantes, para que se adentren en la filosofía, asimismo para la ciudad en conjunto, la cual solo desde el conocimiento de la verdad, más allá de los pareceres parciales e interesados, y contrario, no solo a lo falso, sino a la mentira, puede encaminarse hacia el bien erradicando lo negativo:

> Al menos que los filósofos reinen en las ciudades o cuantos ahora se llaman reyes y dinastas practiquen noble y adecuadamente la filosofía, vengan a coincidir una cosa y otra, la filosofía y el poder político, y sean detenidos por la fuerza los muchos caracteres que se encaminan separadamente a una de las dos, no hay, amigo Glaucón —dice Sócrates—, tregua para los males de la ciudad, ni tampoco, según creo, para los del género humano; ni hay que pensar en que antes de ello se produzca en la medida posible ni vea la luz del sol la ciudad que hemos trazado de palabra. Y he aquí lo que desde hace rato me infundía miedo decirlo: que venía a expresar algo extremadamente paradójico, porque es difícil ver que ninguna otra ciudad sino la nuestra puede realizar la felicidad ni en lo público ni en lo privado.[17]

No solo el gobernante, por tanto, tiene que ser filósofo, según Platón, sino que es la ciudad como tal la que ha de ser filosófica. Con todo, Platón, incluso antes de sus fracasos en Siracusa al intentar realizar allí su programa de una política regida filosóficamente conforme al diseño ideal de la *República*, era consciente de la tremenda dificultad que entrañaba su planteamiento. Además de la distancia con que veía separadas la filosofía y la política, frente a las cuales se empeñaba en conectarlas, Platón no deja de señalar los obstáculos para ello, provenientes de la mala imagen social de la filosofía entre quienes precisamente se dedicaban a la política, como también a causa de las radicales

17   *Ibid.*, 473d-e.

divergencias entre quienes se dedicaban a la filosofía respecto a cómo entender su mismo quehacer. Así, en relación con lo primero, valgan como botón de muestra las palabras que Adimanto dirige a Sócrates insistiendo en tópicos reparos que circulan socialmente sobre los filósofos —y no solo en la Atenas de entonces—: los que se dedican a la filosofía más allá de su formación durante la juventud, es decir, los que viven «entregados» a ella, «resultan en su mayoría unos seres extraños, por no decir perversos», e incluso los que parecen más razonables «se hacen inútiles para el servicio de las ciudades».[18] La respuesta socrática, tras diversos recursos aclaratorios, o apologéticos si se quiere, en defensa de la filosofía y los filósofos, acaba señalando que de la inutilidad que se achaca a los filósofos no hay que culpar meramente a estos, sino a aquellos que «no se sirven de ellos». Al igual que el enfermo «tiene que acudir a la puerta del médico —importa el símil por cuanto Platón insistirá también en la filosofía como «terapia» para los males de la ciudad—, todo el que necesita ser gobernado [ha de acudir] a la de aquel que puede gobernarlo».[19] Cuando eso es así, la filosofía cumple su misión y la política encuentra su razón de ser. A través de la conversación de Sócrates con Adimanto, Platón lo expresa así:

Esto era lo que considerábamos, y esto lo que preveíamos nosotros cuando, aunque con miedo, dijimos antes, obligados por la verdad, que no habrá jamás ninguna ciudad ni gobierno perfectos, ni tampoco ningún hombre que lo sea, hasta que, por alguna necesidad impuesta por el destino, estos pocos filósofos, a los que ahora no llaman malos, pero sí inútiles, tengan que ocuparse, quieran que no, en las cosas de la ciudad y esta tenga que someterse a ellos; o bien hasta que, por obra de alguna inspiración divina, se apodere de los hijos de los que ahora

18   *Ibid.*, 487d.
19   *Ibid.*, 489b-c.

reinan y gobiernan o de los mismos gobernantes un verdadero amor de la verdadera filosofía. Que alguna de estas dos posibilidades o ambas sean irrealizables, eso yo afirmo que no hay razón alguna para sostenerlo. Pues, si así fuera, se reirían de nosotros muy justificadamente como de quien se extiende en vanas quimeras.[20]

La consistencia del planteamiento platónico exige, pues, que se contemple como factible no solo el hecho más probable de que «filósofos eminentes se vean obligados a ocuparse de política», sino también que «la musa filosófica llegue a ser dueña del Estado».[21] Lo que eso requiere es, ya que el vulgo queda lejos de la filosofía, que la filosofía gane espacio en la educación de los ciudadanos y que de entre ellos los espíritus más capaces se entreguen a ella —luego ya se dedicarán a la política, no por desearlo, sino porque el «azar divino» así lo disponga para el caso de cada uno de los filósofos en concreto—. Tal ha de ser el caldo de cultivo para que «llegue a ser dueña de las ciudades la clase de los filósofos» o para que se abra camino la posibilidad de que descendientes de reyes y gobernantes lleguen a ser «filósofos por naturaleza».[22] Pero, dependiendo todo de esa educación, es en ella donde se juega el futuro tanto de la filosofía como de la política. El ciudadano más virtuoso, que dada la conexión entre bien y verdad no puede ser sino filósofo, ha de emerger de la misma práctica educativa que conduzca a las cimas filosóficas. Así, el acceso a la filosofía no está vetado a nadie que disponga de las capacidades para ella, pero queda a expensas de la educación que se reciba, pues los mismos elementos que integran la formación de filósofos y que han de entrar en juego en el ejercicio de la filosofía pueden verse pervertidos por una mala educación, primero, y por una mala prác-

20   *Ibid.*, 499b-c.
21   *Ibid.*, 499c.
22   *Ibid.*, 501e y 502a.

tica después —como el apetito de riquezas al que puede quedar subordinado el servicio a la verdad—. Ambas cosas son las que, a juicio de Platón, se presentan en la sofística, descalificada por él como distorsión de la verdadera filosofía. La sofística, en el plano político, conlleva la perversión de someter la búsqueda de la verdad a los intereses del poder o la dialéctica a excesos de retórica, sacrificando las exigencias de la episteme ya a las opiniones del vulgo, ya a los deseos del tirano —para el caso puede ser lo mismo—, hasta hacer imposible una política que libre a la ciudad de sus males y que la ponga en el camino del bien.

... a política y filosofía en clave de orden

La animadversión de Platón hacia los sofistas, desconsiderando su papel como portadores de ilustración en la Grecia de la época, encierra más que una recusación de sus doctrinas filosóficas y de sus prácticas educativas, con su incidencia política. Descontada la razón que pueda llevar Platón en determinadas críticas a los sofistas, lo que deja ver su planteamiento contra ellos es también una posición que, por su idealismo, conlleva una fuerte carga autoritaria en la medida en que el apego a una determinada noción de verdad y de lo que entiende por conocimiento verdadero lo sitúa en un lugar teórico que pretende inexpugnable. Dado que ese lugar es a la vez donde él se sitúa para regular lo político, aun a sabiendas de su lejanía respecto de la realidad política, puede decirse que tal idealismo gnoseológico se ve reforzado por el mismo idealismo político al que pretende servir. Platón, a diferencia de un Sócrates «fronterizo» que no tenía miedo a la contaminación de la *doxa* ni a una realidad política contradictoria, se encierra en *su* mundo, el mundo de un trasmundo de ideas en el que se ubica el sentido de la realidad y de donde proceden las pautas normativas por las que ha de regirse la realidad cismundana, empezando por una política que ha de ajustarse al ideal que la filosofía señala, es decir, que el filósofo, autoubicado en el papel de gobernante, determina.

No es cuestión de poner en Platón, al modo de Popper, todas las causas de lo que ideológicamente ha operado en la historia como contrario a la pretensión de una «sociedad abierta».[23] Incluso no es procedente valorar a Platón exclusivamente desde parámetros de «sociedad abierta» muy lejanos de su época. Pero eso no obsta para reconocer que, incluso contextualizada en su tiempo, la filosofía platónica, con escasas simpatías por la democracia —tal como era entendida en el mundo griego de entonces—, conlleva enfoques autoritarios asociados a su idealismo, los cuales hacen muy complicada la relación entre filosofía y política. Ello repercutió muy negativamente en los modos de acercarse la filosofía a la política, así como de tener en cuenta a la filosofía por parte de la política. Arendt no ahorra énfasis en ponerlo de relieve:

> La hostilidad entre filosofía y política, apenas disimulada por una filosofía de la política, ha sido el azote del arte de gobierno de Occidente, así como de la tradición filosófica, desde que los hombres de acción se separaron de los hombres de pensamiento, es decir, desde la muerte de Sócrates.[24]

En la medida en que son así las cosas, lo más grave es hasta qué punto la filosofía de Platón ha marcado el pensamiento occidental sobre la política y la manera de relacionarse la filosofía con la política, habida cuenta de que hasta los mismos críticos de los puntos de vista platónicos actúan en el terreno que él dejó demarcado. Observación añadida es la que puede hacerse subrayando que ese peso de lo platónico en la filosofía política

---

23   Cf. K.R. Popper, *La sociedad abierta y sus enemigos*, Barcelona, Paidós, 2010.

24   H. Arendt, *Sobre la revolución*, Madrid, Alianza, 1988, p. 226, n. 1.

y en las relaciones entre filosofía y política quedó muy determinado por la *República*, pesando mucho más lo expuesto en ese
diálogo que lo desarrollado al respecto en diálogos posteriores.

De todos es sabido que el Platón de las *Leyes* es un Platón
en posiciones muy distintas de las expuestas en la *República*. Una
visión de la política más atenida a la realidad de los hechos, y no
tan pendiente de acomodar a toda costa los hechos al ideal, es
el tono de ese diálogo platónico. Pero no solo de ese. Previamente, en *El político*, Platón ya presenta destacados puntos de
inflexión en su modo de ver. Si por una parte todavía vincula
indisolublemente filosofía y posesión del conocimiento verdadero, e incluso sigue sosteniendo que el gobernante ha de ser
quien posea tal conocimiento, de manera que ante ello todo lo
demás retrocede por secundario o no pertinente (leyes, costum-
bres, tradiciones, etc.), por otra, pasa a reconocer que en realidad
no es posible contar con alguien que encarne plenamente esa
figura del filósofo-rey. Frente a la puridad del idealismo filosófico-político anterior, Platón, sin romper amarras del todo con
sus planteamientos precedentes, entra en ulteriores «navegacio-
nes» tratando de reelaborarlos desde el enfoque propio de una
«filosofía de la mixtura».[25]

Abordando la política con mayores dosis de realismo crítico
y tratando de encontrar vías transitables para la *polis* en un tiempo
de crisis, Platón deja de insistir en *El político* en la figura del imposible filósofo rey —de suyo no cabe en la ciudad un rey como
hay una reina en las colmenas—[26] para pasar a contemplar al
político primero en la imagen del pastor y luego en la del tejedor. Bien es cierto que Platón, comportándose como heterodoxo
en el mundo griego, cuestiona un gobierno que sin más se
apoye en las leyes, pues estas pueden quedar lejos de la verdad,
pero aun así lo que hace es acometer un largo rodeo para ver

25 C. Castoriadis, *Sobre* El político *de Platón*, Madrid, Trotta, 2004, pp. 112 ss.
26 Platón, *El político*, en *Diálogos v*, Madrid, Gredos, 2000, 301e.

cómo puede llevarse a cabo una política bajo unas leyes lo más próximas —a este respecto es importante la idea de *mímesis*— a lo que el conocimiento verdadero señala. Aunque la del político como pastor es una imagen apta para expresar la función de guía y de cuidado que la política supone, la procedencia de un trasfondo mitológico en el que ya los dioses aparecían como pastores de los humanos acaba motivando que otras imágenes se prefieran a esa para no atribuir ni por asomo un carácter divino al político, por más que se siga pensando como hombre regio. Por ello, Platón se inclina por la imagen del tejedor, jugando con la idea del político como sabio capaz de tejer el diálogo, para de ahí pasar a la capacidad de tejer el entramado de las distintas virtudes a cuyo trasluz se aprecia a su vez la capacidad para tejer la compleja trama de la ciudad. Y en esa trama es donde el papel de las mismas leyes aparece en su ambigüedad al mismo tiempo que en su necesidad, a pesar de sus deficiencias, si se quiere frenar la deriva de la sucesión de los regímenes políticos según estos vayan entrando en su forma corrupta —para evitar, en definitiva, la tiranía a la que viene a desembocar la secuencia que desde la aristocracia, pasando por la oligarquía y la democracia, viene a parar a ella, según se expone en el libro VIII de la *República*.

Al hilo de esas distintas figuras para hablar del político y del filósofo —del filósofo como político— aparece una y otra vez de manera recurrente la imagen del filósofo como «cuidador» o como terapeuta, siguiendo el símil de la medicina, en verdad cuidador humano y en ese sentido opuesto al pastor divino, que ejerce «un cuidado libremente ofrecido y libremente aceptado», siendo eso lo que hace que él sea «verdadero rey y verdadero político».[27] Así pues, el filósofo actuando en política tiene que ser como el buen médico procurando la salud de la ciudad, del Estado, siendo para eso para lo que lo acredita su saber, el buen

27   *Ibid.*, 276c.

discurso del *orthòs lógos*. Si este, por la verdad que conoce, tiene primacía sobre las leyes, no por eso en la realidad de la política invalida las leyes, aunque sí lleva a plantearse cuál es la mejor ley —el *nómos* o ley, que ya Herodoto había mencionado como el mejor jefe que podía tener los griegos y el que, cohesionándolos en torno a ella, les daba su fuerza— y cuál la razón que la avala. Es lo que, tras muchos avatares políticos y un largo recorrido filosófico nunca exento de aporías, aborda Platón en las *Leyes*.

Diríase que el Platón de las *Leyes*, ya de vuelta tras sus fracasados empeños en hacer real el modelo de «buena ciudad» que, sobre todo en la *República*,[28] había defendido, adopta una posición más realista, incluso pragmática, respecto a cómo proceder en el ámbito político. Su mirada desengañada no se limita solo a este, sino que, más al fondo, su desengaño afecta a su concepción antropológica. Ya no es el Platón que confiaba absolutamente en que el hombre se guiara por la razón; ahora la visión antropológica recae sobre un ser humano que ha de lograr mantener el equilibrio armónico entre sus pasiones y la razón, entre el sometimiento a esta y el inestable equilibrio en el que ella ha de insertarse entre las polaridades de placer y dolor.

Por todo ello, tampoco el Platón último es el que pone todas sus esperanzas en que el conocimiento de la verdad sea la clave decisiva para ordenar de hecho la *polis*. El autor de las *Leyes* es ya un escritor al que la vida ha hecho moderar sus expectativas e incluso resituarlas allí donde antes veía gran parte de los obstáculos para la realización de su proyecto: en las leyes mismas. La estabilidad que estas prestan al Estado, apareciendo ahora como ideal su misma inmutabilidad, es la revelación de Platón en su obra más tardía. En todo caso, la cuestión se desplaza al esclarecimiento de la razón de las leyes y a cómo, a lo sumo, estas pueden mejorarse cuando no quede más remedio que acometer dicha tarea. El papel del filósofo a ese respecto queda,

---

28   Cf. *Id.*, *La República, op. cit.*, 472e.

pues, más matizado, sin el anterior entusiasmo por su asociación a una función regia. Y además queda expuesto como una función compartida entre aquellos que, por su sabiduría —entendida ya de una manera más cercana a la posterior teorización de la *phrónesis* que hará Aristóteles—, han de formar parte del llamado «Consejo nocturno», la asamblea deliberativa adonde llegan las cuestiones relativas a una ciudad que quiere vivir en armonía. Lo que, con todo, permanece teniendo para Platón toda su importancia es la función educadora del filósofo, siendo ahí donde sigue haciendo hincapié un planteamiento que si bien es cierto que ha mitigado su autoritarismo anterior, ha acentuado en cambio su conservadurismo posterior. En tal tesitura, filosofía y política entran también en el proyecto reelaborado en torno a las pretensiones de unas relaciones armónicas gracias a leyes que garanticen el futuro de la ciudad.

La cuestión que en las *Leyes* sigue apareciendo como crucial para Platón, y a la que el filósofo debe seguir prestando especial atención, es la educación. Una ciudad bien ordenada nunca puede desentenderse de ella. Y asunto tan decisivo para la pretendida armonía política tampoco puede dejarse en exclusiva al albur de lo que decida y haga cada familia. Lo nuevo, sin embargo, en esta postrera obra platónica es el carácter conservador que presenta el enfoque de la educación. Este queda lejos, por más que haya puntos en común, de la visión pedagógica que se mostraba en la *República*, por ejemplo, y por lo mismo quedan notablemente agrandadas las distancias respecto a las propuestas de Sócrates sobre una educación que a través de la mayéutica, con sus dosis de crítica, elevara la *doxa* a la altura de un conocimiento verdadero. Este Platón último dista de la confianza en la razón de la que Sócrates hacía gala y de la que él mismo fue adalid. Piensa ahora, por el contrario, en una educación basada fundamentalmente en la persuasión, y ello a través de todos los recursos disponibles, desde los emotivos hasta el reservorio de imágenes de la tradición mítica, sobre todo para la educación de un vulgo que nunca va a llegar a la altura de la filosofía. Incluso la educación de quienes han de constituir la élite con acceso a un conocimiento superior tampoco se plantea ya con las pretensiones que antes Platón hacía derivar del conocimiento de la idea del Bien y, a partir de ella, de la idea de justicia, por completo relevante para la política.

Cabe, pues, decir que Platón, tras larga guerra contra los sofistas, acaba adoptando un enfoque retórico acerca de la educación que lo aproxima sobremanera a ellos —después de todo Platón siempre tuvo la inocultable querencia al uso de recursos sofísticos contra los mismos sofistas—. Lo positivo de ese acercamiento a los sofistas, descontados los elementos de su última elaboración pedagógica que hacen de la educación un instrumento del Estado con fines de integración social de cariz absolutista, es que Platón tiene en cuenta como algo del todo relevante la dinámica del placer —y su reverso, el dolor— en el psiquismo humano. La educación tiene que contar con esa dinámica y ponerla al servicio de sus objetivos, en vez de soslayarla o reprimirla. El Platón de una educación persuasiva cuenta con ese dato antropológico respecto al cual cabe reconocer que humaniza su planteamiento.[29]

QUE CALICLES NO TENGA LA ÚLTIMA PALABRA.
PRINCIPIO DE JUSTICIA, MÁS ALLÁ DEL ABSOLUTISMO IDEALISTA
Y DEL CONSERVADURISMO PRAGMÁTICO

Siguiendo la pista a cómo se han ido planteando las relaciones entre filosofía y política a lo largo de la dilatada obra de Platón nos hemos encontrado con que el filósofo, considerado primero como adalid del conocimiento verdadero a partir del cual había de intervenir en política para legislar según la idea de lo justo, a

---

29   A. Vallejo, *Mito y persuasión en Platón. Suplementos de Er. Revista de Filosofía*, Sevilla, 1993, pp. 253 ss.

la luz de la idea del Bien, ha pasado a ser el apologeta de unas leyes a las que hay que someterse por la armónica estabilidad que eso reporta, como parte de la razón que las avala. La distancia entre esos dos enfoques, explicable desde la biografía política de Platón y los avatares de la Atenas de su tiempo, es notablemente grande. Lo sorprendente es que, por un lado y por otro, antes y después, Platón haya sacrificado algunas de sus intuiciones más profundas. Una especialmente relevante es la que tiene que ver con ese «resto griego en él» —señalado por Castoriadis—[30] que lo llevó a no eludir la idea de que hay una materia ineliminable —la *chóra* del Timeo, por ejemplo, o el reconocimiento en el *Filebo* de lo que supone el *ápeiron*—, que supone una fuerte indeterminación de *lo que es*, un residuo no absorbible por *episteme* alguna. Eso aparecía como un punto de reserva frente a las pretensiones del Platón postulante del filósofo rey y confiado en el poder del conocimiento de la verdad para ordenar la *polis*, punto que, sin embargo, quedaba rebasado por el absolutismo idealista con el que el autor de la *República* reelaboraba el intelectualismo socrático y proponía, a partir de ahí, las tareas de la filosofía de cara a la *politeía*. Pero es que eso mismo, en vez de quedar como fondo desde el que teorizar sobre un Estado en el que su orden legal no agota la distancia del ser social del hombre con respecto a él, también es rebasado para adentrarse en un planteamiento en el que el anterior absolutismo idealista es reemplazado por un conservadurismo pragmatista —al servicio de un estatalismo muy absorbente en aras de la deseada integración social.

Lo que cabe observar como añadidura es que ese soslayar por parte de Platón, en dos direcciones sucesivas y contrapuestas, algo incluso suyo que debía haber tenido más en cuenta, se ha trasladado en gran medida, por el determinante influjo platónico en la historia de la filosofía que sigue a partir de él, al modo en que posteriormente se ha pensado la política desde la

---

30 C. Castoriadis, *Sobre* El político *de Platón, op. cit.*, p. 166.

filosofía y cómo se ha planteado la relación de esta con aquella. Lo grave de tal traslación, si cabe un diagnóstico a gran escala, es que en la corriente dominante en la ulterior historia de la filosofía se ha incurrido a la vez en ese doble exceso de Platón, el del absolutismo idealista por un lado y el del conservadurismo pragmatista por otro. Es decir, en la historia de la filosofía —y de la política— que se ha ido tejiendo en Occidente, con suma frecuencia la teorización filosófica de la política y la autocomprensión de la filosofía respecto a la política se ha visto muy marcada por el idealismo platónico, con su carga absolutista, a la vez que la realidad de la filosofía inmersa en la sociedad de cada época ha tenido mucho de pragmatismo al servicio de una integración social conformista con las estructuras de poder. Así se explica la simultaneidad con que tantas veces se ha dado un pensar filosófico muy distante respecto a la política o, en todo caso, con pretensiones normativas sostenidas desde el desprecio o infravaloración del ámbito político, a la vez que esa misma filosofía se tragaba su arrogancia intelectualista para someterse a un poder realmente existente e incluso resolverle su expediente educativo en clave de súbditos obsequiosos o, después, de ciudadanos acomodaticios.

No obstante, a favor de Platón, así como en beneficio de un replanteamiento a fondo de la relación entre filosofía y política en el que se conserve la herencia platónica que merece ser retenida, hay que recordar una cuestión crucial. Es la relativa a la exigencia de un irrenunciable *principio de justicia* que Platón hereda de Sócrates con tal carácter de irrenunciabilidad y que mantiene a lo largo de todos sus diálogos, incluso esos últimos que tienen en las *Leyes* su colofón.[31] Así, el Ateniense —personaje que en este diálogo ocupa el lugar prominente que en diálogos de la primera etapa estaba reservado a Sócrates—,

31 M. Seguró, *Sendas de finitud. Analogía y diferencia*, Barcelona, Herder, 2015, p. 33.

2. Filosofía y política, verdad y justicia, en los momentos «fundacionales»

desde la premisa de que lo justo es también lo más conveniente y lo más placentero —concesión hedonista tras el enfoque antropológico de Platón en los últimos tiempos—, insiste en que lo justo debe ser el núcleo de la ética social de la que han de estar imbuidos los ciudadanos. Consecuente con ello, el Ateniense se explaya con palabras en las que la figura de Calicles no deja de estar aludida:

> Si yo fuera legislador, trataría de obligar a los poetas y a todos los de la ciudad a expresarse de conformidad con ello, y aplicaría poco menos que la mayor pena al que por caso se dejara decir en el país que existen hombres ciertamente malvados, pero que viven bien, y que no es lo mismo lo conveniente y lo ventajoso que lo justo.[32]

Bien puede afirmarse que en esas líneas, después de la deriva que ha llevado de la crítica socrática a la política basada en excesos retóricos, que a la postre no pretenden sino persuadir adulando —«simulacro de una parte de la política»—,[33] hasta la propuesta de una política apoyada en una persuasión encaminada a encauzar las pasiones y a armonizar razón y placer, Platón fija sutilmente una *línea roja* a la que dota de singular relevancia. Sus concesiones tienen un límite: la justicia puede venir establecida o por criterios de la razón o por normas legales —a las que se atribuye, más allá de la costumbre y el peso de la tradición, un contenido racional—, pero no se puede admitir que lo justo quede establecido según la «ley del más fuerte». Por lo mismo, la felicidad como meta ético-antropológica no puede dejar de verse asociada a la virtud, se llegue a esta desde el conocimiento verdadero o desde la persuasión que refuerza hábitos y consolida un carácter. Platón no puede admitir una concepción

---

32 Platón, *Leyes*, en *Diálogos VIII*, Madrid, Gredos, 2006, 662b.
33 *Id.*, *Gorgias*, en *Diálogos II*, Madrid, Gredos, 2000, 463b.

eudemonista que haga coincidir felicidad con injusticia, en las antípodas de la virtud. Calicles, con su apología de la «ley del más fuerte», no puede —no debe— tener la última palabra.

Parece que, a pesar del distanciamiento de Platón respecto a las posiciones de quien fue su admirado maestro, aquel mantiene con firmeza el principio socrático de que «el mayor mal es cometer injusticia»,[34] principio que en la figura del Sileno iba asociado a su enfática declaración acerca de que «cometer injusticia es peor que sufrirla».[35] Alrededor de esa exigencia de justicia gravitan, pues, las relaciones entre filosofía y política, de manera que, aunque el enfoque de Platón haya ido cambiando en torno a cómo entenderlas, siempre ha seguido fiel a aquella. Al respecto también resulta llamativa la manera en que mantiene cierta idea acerca del papel del filósofo, atravesando las concepciones de su misión ya como gobernante, ya como «tejedor» del lienzo que requiere la vida política; se trata de la idea, anteriormente señalada, del filósofo como médico llamado a sanar los males de la ciudad. El mismo Sócrates, en cuyos labios, en polémica con Calicles como representante de la (anti)política de la pura fuerza, se pone la autopresentación como «uno de los pocos atenienses, por no decir el único, que se dedica al verdadero arte de la política y el único que la practica en estos tiempos»,[36] explica su papel como médico que ha de «luchar con energía para que los atenienses sean mejores», prescribiéndoles las adecuadas pautas de comportamiento, en vez de «servirlos y adularlos». Aunque luego Platón pasa por una serie de fases en las que no acota la tarea del filósofo al hacer valer su autoridad, sino que las extiende a servirse «autoritariamente» de los resortes del poder, una vez constatado el fracaso en ese modo de proceder acaba volviendo a subrayar el quehacer propio del filósofo como

34 *Ibid.*, 469b.
35 *Ibid.*, 473a, 474b, 479e.
36 *Ibid.*, 521d.

tarea terapéutica, distinguiendo, como aparece en las *Leyes*, entre «médico esclavo» y «médico libre»: el primero es el que, actuando como esclavo de quienes tienen el poder, prescribe a los demás tratándolos a su vez como esclavos; el segundo, en cambio, apoya su autoridad en sí mismo, en su propio saber, estableciendo con los demás un comportamiento dialógico, a través del cual no solo prescribe persuadiendo, sino que incrementa su propio saber escuchando. Así contribuye a la salud de la ciudad, logrando que el ciudadano obre con justicia no por la fuerza, sino por su voluntad.[37]

Decantando la imagen del filósofo como médico hacia la del «médico libre» como verdadero médico capaz de aplicar su conocimiento y su «arte» a la ciudad, Platón salva su propuesta de un planteamiento que hoy describiríamos como tecnocrático, para ubicarlo en una órbita netamente política en la que la *praxis* de los ciudadanos puede verse orientada por esa *téchne* terapéutica, sin verse suplantada por ella. Cabe decir que esa clave socrática a la que Platón permanece apegado es la que salva su legado tras los avatares a los que él mismo sometió su obra. Es esa misma clave, en la que permanecen aunadas una concepción no autoritaria de la filosofía y una insoslayable exigencia de justicia, la que permitirá recomponer desde un paradigma democrático las relaciones entre filosofía y política. Y ello contra la tendencia dominante de la misma herencia platónica en el pensamiento filosófico-político occidental.

LA FILOSOFÍA, JUNTO A LA CIUDADANÍA Y LA DEMOCRACIA. ACTUALIDAD DE LA MIRADA DE ARENDT

Ni Platón era un adalid de la democracia, ni la democracia griega, por mucho que esté en el origen de lo que ha llegado a ser

---

37 A. Vallejo, *Mito y persuasión en Platón, op. cit.*, pp. 258-260.

la democracia moderna, era parangonable a esta. No hace falta insistir en que aquella dejaba fuera de la *politeía* a mujeres, niños, metecos y esclavos. Por tanto, estaba lejos de un concepto universalista de ciudadanía en el que cupieran todas las personas que desenvuelven su vida en el ámbito del correspondiente Estado. Tal cosa quedaba fuera de la visión normativa respecto al orden político que podía desarrollar un griego. El horizonte político-cultural no daba para eso; ni siquiera para un cuestionamiento radical de la esclavitud como pieza legitimada del orden social. Y aunque en la *República* se plantea la posibilidad de la participación de las mujeres en la vida política, eso queda recogido a título de inventario de todas aquellas realizaciones que podría albergar una ciudad ideal. No obstante, para hacer fructificar el legado socrático-platónico que se concentra en torno al quehacer de la filosofía entendido como tarea dialógica —sin elusión del conflicto que las relaciones de poder llevan consigo, como evidenciaba la discusión con Calicles—, y al sentido de la política en función de las exigencias de justicia, es importante hacer hincapié en cómo la filosofía y la política se plantean con proyección universalista, no excluyente —a pesar de las limitaciones con que fácticamente se presenten— desde esos «momentos fundacionales» en los que ambas aparecen vinculadas, remitiéndose la una a la otra.

En cuanto a la filosofía, desde el principio aparece abierta a todos. No hay nada que por principio impida a cualquiera el acceso a ese nuevo saber que despega como ejercicio de una razón discursiva, crítica y argumentativa, que se distancia de la razón narrativa del mito, y que a la vez que emerge pretendiendo constituir el ámbito de la *episteme* lo hace, en esos momentos fundacionales que es la filosofía platónica, como nuevo género literario nacido de la mano del diálogo socrático. El italiano Giorgio Colli, recogiendo sus aportaciones sobre el entrelazamiento de retórica —«arte de la persuasión»— y dialéctica —«arte de la discusión»— en el camino hacia la maduración de la filosofía desde los presocráticos hasta Platón, sintetiza así este proceso:

> La «filosofía» surge de una disposición retórica acompañada de un adiestramiento dialéctico, de un estímulo agonístico incierto sobre la dirección que tomar, de la primera aparición de una fractura interior en el hombre de pensamiento, en que se insinúa la ambición veleidosa al poder mundano, y, por último, de un talento artístico de alto nivel, que se descarga desviándose, tumultuoso y arrogante, hacia la invención de un nuevo género literario.[38]

No pasan desapercibidas en estas líneas de Colli sus palabras acerca de la «ambición veleidosa al poder mundano» que, al parecer, corrompió a la filosofía desde el principio. ¿Será que desde el principio la filosofía cayó en la tentación de acceder al poder y no se libró de ella, aunque a veces lo haya parecido, en toda su historia posterior? ¿Será que el poder mundano, siempre contaminante, debe quedar, para una filosofía que se mantiene en su sitio, alejado de un pensamiento que quiera ser crítico y fiel a compromisos de justicia? ¿O es que aspira la filosofía a ser un contrapoder frente a ese poder mundano?

Todos estos interrogantes ya están formulados desde una perspectiva deudora de la filosofía platónica —especialmente de la plasmada en la *República*— y se puede decir que casi hipotecada por la experiencia de Platón —singularmente la que lo lleva a cambiar sus posiciones hasta las que explicita en las *Leyes*—. No obstante, hemos visto cómo el momento socrático, tan influyente en aquel, tiene rasgos específicos que no se disuelven ni quedan anulados por el pensamiento platónico posterior, representando un modo de entender el quehacer filosófico radicalmente dialógico, basado en el desempeño de una

---

38   G. Colli, *El nacimiento de la filosofía*, Barcelona, Tusquets, 1987, p. 97.

autoridad que implica un poder intelectual para incidir desde él en la política, pero sin contar con un poder político directamente ejercido. A Platón, esa opción tan meritoria, dado el desenlace al que llevó, le resultó en principio insuficiente, y se inclinó por una implicación directa del filósofo en la política, aunque al precio de un absolutismo intelectualista que necesitó aliarse con un idealismo metafísico hasta que los dos se estrellaron contra la realidad. Tras ello, ya hemos visto el decantarse de Platón hacia un conservadurismo pragmático, sin el anterior absolutismo, aunque manteniendo tesis idealistas. Sin embargo, al igual que conservó el *prius* socrático de la justicia, Platón también mantuvo la apertura universalista de la filosofía. Si el vulgo no llegaba a ella era por una cuestión de hecho, no por una cuestión de derecho.

La filosofía, al servicio de la ciudad en cualquiera de sus variantes, no podía ser sectaria, por más que una parte de sí misma quedara alejada de espíritus no preparados para acceder a ella. Pero cualquiera podría prepararse. Tal es el carácter de la filosofía como «saber exotérico», contrapuesto a los «saberes esotéricos» con los que también tuvo una relación de procedencia genética —todavía constatable en la comunidad de los pitagóricos, por ejemplo—, pero con los que tuvo que romper para afirmarse abierta a todos. Precisamente este punto es destacado por Colli, que al hilo de su comentario sobre la determinante presencia de Gorgias en el panorama de la sofística del siglo v subraya cómo la dialéctica entró en el «ámbito público» dejando atrás círculos mistéricos, a la vez que la retórica nacía con la vulgarización del primitivo lenguaje dialéctico. La filosofía se abrió a una «mundanidad sin pudores»,[39] lo cual debe mucho a los sofistas, consolidándose como un punto de no retorno que Sócrates y Platón, aun confrontándose con ellos, no cuestionaron sino que, al contrario, reafirmaron, sobre todo desde que

39 *Ibid.*, pp. 85-87.

este último, con el lenguaje literario que dio a la filosofía a pesar de su distanciamiento respecto a la escritura y sus implícitos,
hizo que su carácter público quedara como elemento constituyente del filosofar mismo:

> Platón inventó el diálogo como literatura, como un tipo par-
> ticular de dialéctica escrita, de retórica escrita, que presenta en
> un cuadro narrativo los contenidos de discusiones imaginarias
> a un público indiferenciado. El propio Platón llama a ese nuevo
> género literario con el nombre de «filosofía». Después de Pla-
> tón, esa forma escrita iba a seguir vigente y, aunque el género
> del diálogo se iba a transformar en el género del tratado, en
> cualquier caso iba a seguir llamándose «filosofía» a la exposición
> escrita de temas abstractos y racionales, e incluso ampliados,
> después de la confluencia con la retórica, a contenidos morales
> y políticos. Y así hasta nuestros días, hasta el punto de que hoy,
> cuando se investiga el origen de la filosofía, resulta extraordi-
> nariamente difícil imaginar las condiciones preliterarias del
> pensamiento, válidas en una esfera de comunicación exclusi-
> vamente oral, las condiciones precisamente que nos han indu-
> cido a distinguir una era de la sabiduría como origen de la
> filosofía.[40]

Si la filosofía nace, por principio, abierta a todos, y es mera cuestión fáctica que a ella no acceda la mayoría, eso quiere decir que
a aquella primera ilustración que se abrió paso en el mundo
griego con un nuevo tipo de racionalidad pertenece como ca-
racterística singular una nueva forma de saber a la que todos los
humanos están convocados, máxime si la virtud a la que obliga
la condición moral —puesta de relieve en el giro socrático— se
piensa esencialmente vinculada al conocimiento: para todos, «el
mejor género de vida consiste en vivir y morir practicando la

---

40   *Ibid.*, p. 94.

justicia y todas las demás virtudes».[41] En ese sentido, y por ese carácter exotérico, puede decirse que la filosofía, en cuanto nuevo saber, nace con vocación democrática. La filosofía entrará en autocontradicción siempre que se repliegue sobre sí misma con injustificables pretensiones de saber sectario o que se proyecte hacia la sociedad como saber elitista.

La vocación filosófica es, pues, vocación filosófica de los humanos. Cuestión distinta es que luego, de hecho, haya humanos que en determinados marcos culturales se dediquen expresamente a la filosofía emergida en ellos como cultivo de esa razón discursiva, crítico-hermenéutica, pero abierta a todos. Como pusieron de relieve los mismos sofistas en el mundo griego, más allá de las servidumbres hacia el poder, la filosofía y la profesionalización del «filósofo académico» constituyen una solución *funcional* —la cual, por otra parte, como corresponde al horizonte universalista de cualquier proceso de ilustración, incluido el que se produjo en la Grecia clásica, hay que concebir también como *provisional*: el ideal realizado sería que cualquier ser humano desempeñara sus capacidades intelectuales también en el ejercicio de la reflexión filosófica—. De suyo, en aquel mismo mundo griego, incluso quienes denostaban una dedicación filosófica intensiva, como la de Sócrates —y no lo hacían por lo que de profesionalización tuviera, sino por lo que tenía de compromiso insobornable hasta ser incómodo tábano que no dejaba de incordiar al poder—, aceptaban el papel de la filosofía en la formación de la juventud —¡hasta el mismo Calicles!—, dándose con ello a entender que se aceptaba el implícito de una filosofía a la que todos, en principio, estaban convocados. Por ello, desde su nacimiento, a pesar del sesgo de determinados autores o corrientes, la filosofía se ha presentado como quehacer reflexivo de puertas totalmente abiertas. Como ha escrito el filósofo francés Michel Onfray, puestos a

41 Platón, *Gorgias, op. cit.*, 527e.

que sea elitista, su elitismo no puede ser sino «elitismo para todos» —aristocratismo que se autodisuelve— dada su congénita apertura.[42] Otra cosa es que haya que reescribir la historia de la filosofía, como él mismo propone, desde un enfoque más en consonancia con ese hecho fundacional, poniendo de relieve el papel de otros filósofos —Epicuro, por ejemplo— y otras filosofías —la del cinismo antiguo, pongamos por caso— a ese respecto, sin sacrificar la historiografía filosófica a la ortodoxia que cuasioficialmente se ha definido desde Platón. En ese sentido bien pueden asumirse estas palabras de Onfray en las que conecta con esa apertura originaria que queremos subrayar:

> La filosofía pertenece a quienes se adueñan de ella. No hacen falta diplomas, niveles, orígenes sociales, competencias particulares ni autorizaciones para entrar en el santuario: el deseo de filosofar basta para justificar un acercamiento al continente, con tal de que ese deseo no sea un fin en sí mismo, no valga como meta última y justificación de emprendimiento [...]. ¿Qué es, entonces, lo que hay que agregar a ese deseo? Un proyecto. ¿Y cuál? El de construirse, fabricarse. Ambición socrática: conocerse a sí mismo ante todo.
>
> [...]
>
> El deseo se sostiene, vale, cuenta y pesa si da lugar al placer de hacerse paso a paso, de elaborar un proyecto y de construir, hasta donde se pueda, una identidad que se sostenga. Democracia, por tanto, en el origen de dicha actitud: la filosofía no pertenece a una casta, a un sindicato que monopoliza la actividad, sino a aquella o aquel que quiere liberarse de la brutalidad de un ser-ahí consustancial a la materia del mundo».[43]

42 M. Onfray, *La comunidad filosófica*, Barcelona, Gedisa, 2008, pp. 139 ss.
43 *Ibid.*, pp. 118-119 ss.

Si desde un sentido amplio del término «democracia» podemos
decir, por todo lo expuesto y como hace Onfray en las líneas
transcritas, que la filosofía nace como democrática, cabe añadir
que la política a la que ella apunta también habría de serlo
—dicho sea más allá de la democracia como sistema político o
como una de las formas de gobierno en las que podían pensar
los antiguos griegos—. Si descontamos las limitaciones culturales del concepto de ciudadanía que en la misma Grecia se impuso, el cual en ningún caso llegó a ser un concepto universalista, dado el carácter excluyente de la forma de participación
política que denotaba, podemos subrayar, a pesar de lo anterior,
la igualdad entre los ciudadanos que connotaba dicho concepto
de ciudadanía. Desde ese punto de vista, se trataba de una ciudadanía democrática, si bien acotada a una parte —y parte constituida exclusivamente por varones— de los habitantes de la
ciudad, si aceptamos que ese igual reconocimiento de la dignidad
de todos y cada uno como sujetos de derechos es elemento defi-
nitorio de una ciudadanía democrática.

Naturalmente, Sócrates entiende la justicia que persigue para
la ciudad como vinculada de raíz a la igualdad de los ciudadanos:
«Lo justo es conservar la igualdad».[44] Tanto la *isonomía* —igualdad
ante la ley— como la *isegoría* —igualdad en el ágora, es decir, en
el uso de la palabra en el espacio público— van unidas a la noción de justicia y, como señala Arendt, apuntan a la libertad
como clave de bóveda de toda política que merezca ese nombre
—y a la tiranía en la que se ve negada como la más denigrante
«antipolítica»—.[45] La misma práctica del sorteo para el ejercicio de ciertos cargos públicos presupone ese principio de igualdad —práctica que también se trae por algunos a la actualidad
como solución a la crisis de la democracia y a las desigualdades

44 Platón, *Gorgias, op. cit.*, 488e.
45 H. Arendt, «Introducción a la política II», en *¿Qué es la política?*, Barcelona,
Paidós, 1997, pp. 69-71.

que en ella se generan—.[46] Y todo ello es lo que se ve refrendado después por Aristóteles al insistir en su *Política* en la amistad —*philía*—,[47] que solo puede darse entre iguales, como la base relacional que soporta la vida política. En contraste con la hostilidad que puede amenazar desde fuera a la ciudad, salvo que esta entre en dinámica de autodestrucción trasladando la guerra —*pólemos*— hacia dentro de ella como conflicto o guerra civil —*stásis*—, puede decirse que la política se teje como «política de la amistad» en virtud, entre otras cosas, de la igualdad que entrañan las relaciones de ciudadanía —es obligada la referencia a la obra de Derrida en la que con el título *Políticas de la amistad* polemiza con Carl Schmitt y su visión de la política desde el exclusivo punto de vista de la lógica «amigo-enemigo».[48]

La igualdad entre los ciudadanos de la *polis* supone la común vocación para la política —no, ciertamente, para el «simulacro» de la misma que cae bajo la crítica de Sócrates—, para el compromiso compartido en ese ámbito en el que la acción humana se despliega poniendo en juego, gracias a la palabra que la acompaña, su potencial de sentido al tomar la iniciativa para construir un *mundo en común* —en relación con ese mundo encontramos en especial significado del «sentido común» arendtiano, como bien destaca la filósofa mexicana Dora Elvira García—.[49] Al respecto, Hannah Arendt no deja escapar ocasión para poner de relieve cómo la política implica ese inseparable emparejamiento del discurso y de la acción, hasta el punto de que sin la palabra en la que el sentido del actuar del sujeto se explicita —y con la que el sujeto mismo se da a conocer y es reconocido como *quien* comparte y políticamente crea un mundo con otros—, no hay

---

46   J.L. Moreno Pestaña, *Retorno a Atenas. La democracia como principio antio-ligárquico*, Madrid, Siglo XXI, 2019, pp. 140 ss.
47   Cf. Aristóteles, *Política,* tomo I, Barcelona, Orbis, 1985, 1295b.
48   J. Derrida, *Políticas de la amistad*, Madrid, Trotta, 1998, caps. 4-5.
49   D.E. García, *El sentido común. Reflexiones ético-políticas*, México, Plaza y Valdés, 2014, pp. 101-121.

acción política propiamente dicha: «Solo la acción y el discurso están conectados específicamente con el hecho de que vivir siempre significa vivir entre los hombres, vivir entre los que son mis iguales».[50]

Si la vida humana, tras su aspiración de sentido, no puede prescindir de la política —es más, desde Arendt, ha de contar con la política como una de sus principales fuentes de sentido—, hay que decir que esta se presenta, al menos desde el giro ético-político de ese mundo griego al que tanto debemos, como ejercicio activo de ciudadanía al que todos están llamados —insistimos en hacer la obligada salvedad respecto al recortado universo en el que en el mismo mundo griego se aplicaba dicha noción de ciudadanía igualitaria—. La vocación de ciudadanía y, por tanto, la vocación política, es en ese sentido universalista y, por esa misma apertura, radicalmente democrática. Desde esa perspectiva, lo que pueda entenderse como dedicación profesional a la política solo puede entenderse como algo *funcional* y justificable en cuanto no suponga mengua alguna en lo que se refiere al despliegue ciudadano de la vocación política de cada cual. Además, de manera análoga a lo que planteábamos respecto a la filosofía, habría que entender esa *funcional* dedicación profesionalizada, por parte de algunos, a las tareas políticas, como también *provisional*, esto es, sin que implicara ninguna consolidación de *estatus* a favor de quienes la tuvieran, de manera que se llevara a cabo en la medida en que coadyuvara a la más efectiva participación políticas de todos.

Desde la analogía establecida cabe ver filosofía y política como vectores capaces de generar dinámicas convergentes sobre el terreno común de la ciudadanía: de la ciudadanía en un proceso de ilustración que incluye su capacitación para la plena inserción en la vida pública, de la ciudadanía en disposición de participar contando para ello con el ejercicio de la razón crítica y dialógica en el que la misma filosofía consiste. Para que esa convergencia sea posible como algo real, trasladándonos a nuestra actualidad desde aquel mundo griego, no solo hay que disponer adecuadamente los mimbres de la condición ciudadana de quienes están llamados a la vez a la reflexión filosófica y a la participación política, dada la textura radicalmente democrática de ambas, sino que, dado todo lo acumulado en un largo recorrido histórico, hay que hacer un paciente trabajo de desmontaje de prejuicios y obstáculos de muy diferente índole que hacen difícil la convergencia entre filosofía y política y la convivencia entre el filósofo y el político, los cuales nunca podrán ver aquello a lo que se dedican como el mero desempeño de una profesión más entre otras.

Si atendemos a las reflexiones arendtianas que tan productivamente nos han servido de orientación en la reconexión de nuestro mundo con aquel mundo griego en el que filosofía y política emergieron para entrelazarse a la vez que se daban la espalda, nos encontramos con la explicitación de la necesidad de proceder a una doble corrección de perspectiva. Por un lado, a superar una distorsionada visión filosófica de la política, no ajena a la valoración platónica como actividad rebajada al nivel de «mal necesario».[51] Por otro, a dejar atrás, del lado de la política, lo que ha sido a lo largo del tiempo indisimulado desprecio hacia la filosofía, aunque sin empacho alguno para utilizarla instrumentalmente siempre que hiciera falta para la legitimación ideológica del poder.

Quizá sea posible, para enriquecimiento tanto de la filosofía como de la política, que esa doble corrección se produzca. Si así ocurriera, no solo ganarían la filosofía y la política por separado, sino la democracia de una ciudadanía capaz de sostenerla con su compromiso crítico y activo. Para alumbrar el recorrido que para ello aún falta, la misma Arendt, muy crítica con Marx por

---

51   *Id.*, «Introducción a la política II», *op. cit.*, pp. 80-81.

otros motivos, nos brinda una apreciación que, con las necesarias cautelas, bien puede tenerse en cuenta:

> La consecuencia que Marx extrajo de la filosofía de la historia de Hegel [...] fue que la acción o *praxis*, contrariamente a toda la tradición, estaba tan lejos de ser lo opuesto al pensamiento que, más bien, era el vehículo verdadero y real del pensamiento, y que la política, lejos de estar infinitamente por debajo de la dignidad de la filosofía, era la única actividad inherentemente filosófica.[52]

Filosofía de la praxis, por tanto, como camino para recomponer la relación entre filosofía y política, tras cura de humildad de la primera y terapia contra la arrogancia de la segunda. Si eso permite clarificar el papel del filósofo y del político algo ganaremos por ese camino tanto social como existencialmente.

52   *Id.*, *La promesa de la política*, *op. cit.*, p. 129.

3. Audacia para la verdad como virtud republicana
Ciudadanía y opinión pública tras el declive de los *intelectuales*

La opinión pública es la savia de la democracia. Mediante dicho símil cabe formular el papel de una opinión ciudadana, resultante del ejercicio de la libertad de expresión en una sociedad pluralista, de la cual podemos decir con Habermas que su misma existencia es fruto de un ejercicio de «soberanía comunicativamente fluidificada»,[1] indispensable en toda democracia que se precie como tal, aunque solo sea, y no es poco, como «soberanía crítica», del modo en que la propugna Pierre Rosanvallon para poner de relieve la necesidad de ejercicio de control político por la ciudadanía en democracias tantas veces muy debilitadas.[2] Es, pues, en ese espacio público donde de continuo ha de corroborarse que la verdad es un valor político imprescindible para la democracia; esto es, que sin un compromiso con la verdad la convivencia democrática está tan en peligro que puede llegar a desaparecer, dando paso a regímenes dictatoriales que, de una forma u otra, supongan la liquidación de la democracia como sistema político y modo de vida.

1   J. Habermas, *Facticidad y validez. Sobre el derecho y el Estado democrático de derecho en términos de teoría del discurso*, Madrid, Trotta, 1998, p. 612.
2   Cf. P. Rosanvallon, *La contrademocracia. La política en la era de la desconfianza*, Buenos Aires, Manantial, 2007, pp. 46, 129.

Con acusada conciencia de la correlación que necesariamente ha de haber entre democracia y verdad, la filosofía no
deja de plantearse cómo entender la opinión pública, haciendo
valer respecto a ella un punto de vista normativo que trascien-
de las consideraciones sociológicas acerca de la misma; y en
paralelo sigue abordando una y otra vez, no solo como hablar
de verdad —en realidad, de verdades— en el ámbito público,
sino también qué verdades decir, y cómo hacerlo, en el ágora de
las sociedades democráticas. Por lo demás, lo que la filosofía diga
al respecto no lo hace en exclusiva referencia a quienes se dedican a ella, sino pensando en una ciudadanía capaz de ejercicio
público de la razón, y en especial en quienes en y desde ella
desempeñan las tareas de discurso y crítica que han identificado
a quienes han sido reconocidos de alguna forma como *intelectuales*. Con dicha ciudadanía y con quienes ejercen esa función
intelectual interactúa dialógicamente la misma filosofía con sus
propios argumentos.

DEMOCRACIA Y OPINIÓN PÚBLICA.
FILOSOFÍA EN EJERCICIO DESDE LA CIUDADANÍA COMPARTIDA

Democracia y opinión pública pueden considerarse nociones
correlativas. En realidad, la una no puede darse sin la otra. A
ello cabe añadir que se les puede añadir la filosofía, como tercer
elemento *en concordia*. La historia nos da pie para pensar que
existen vínculos mutuamente constituyentes entre las tres. Así
cabe entenderlo, tomando los términos en sentido amplio y
como quedó expuesto en capítulo anterior, respecto de aquel
mundo griego en el que tuvo su origen la tradición filosófica
que atraviesa la historia occidental, esa que surgió como emergencia de una nueva forma de ejercicio de la racionalidad
—*razón discursiva*—, de la que era constituyente su carácter crítico, desarrollado *exotéricamente* en las condiciones de *publicidad*

exigidas por el *principio democrático* inherente a un saber accesible a todos.[3]

Desde los siglos XVII y XVIII, esos tres cabos de nuestra cultura no cesan de entrelazarse en una trama cada vez más apretada que, sin embargo, no deja de mostrarse enmarañada, ambigua y a veces ambivalente, como bien mostró Elisabeth Noelle-Neumann en su valiosa obra *La espiral del silencio*.[4] La filosofía, asentada sobre la autonomía de la razón que ella misma reafirmaba en el marco de un proceso de secularización cada vez más amplio y potente, reforzaba su carácter crítico activando sucesivas «estrategias de sospecha», desde las que se emplazaba cada vez con mayor énfasis a ese «público capaz de razón» que debía ocupar el *tribunal de la razón* ante el que todo debía comparecer. El discurso filosófico no podrá constituirse al margen de una sociedad en la que se ha conformado un espacio de intercambio de argumentos que se llama «opinión pública».[5] Para la Ilustración, y de singular manera para el pensamiento de Kant como momento álgido de ella, no habría *verdad* alguna que pudiera establecerse sin que pasara esa prueba de la *publicidad* de la razón *crítica*.[6]

Estos planteamientos desde la filosofía, ahora sucintamente recogidos, vinieron a actuar de consuno con toda una evolución habida en el seno de la sociedad burguesa hacia la emergencia de la realidad y la idea de una *opinión pública* concebida como ese espacio de mediación entre (las necesidades de) la sociedad y el Estado, donde confluían los individuos particulares constituidos en *público* para hacer valer políticamente las razones de sus exigencias, pensando además que avalaban desde su discurso racional público la legitimidad del poder propia de un Estado

3   G. Colli, *El nacimiento de la filosofía, op. cit.*, pp. 85 ss.

4   E. Noelle-Neumann, *La espiral del silencio. Opinión pública: nuestra piel social*, Barcelona, Paidós, 1995, pp. 97 ss.

5   G. Vattimo, «Metafísica, violencia y secularización», en *La secularización de la filosofía. Hermenéutica y posmodernidad*, Barcelona, Gedisa, 1992, p. 65.

6   I. Kant, *Crítica de la razón pura*, Madrid, Alfaguara, 1995, p. 121.

de derecho, como era el burgués-liberal que entonces se consolidaba. La otra cara de la cuestión fue siendo desvelada primero por Hegel y después por Marx, mostrando el primero los antagonismos encerrados en la sociedad burguesa, los cuales hacían imposible la convergencia en una opinión *verdadera* e invalidaban la supuesta tendencia desde la publicidad del razonar a eliminar el carácter de dominación del Estado; y haciendo ver el segundo cómo, tras las exigencias confluyentes a ese ámbito de la *opinión*, subyacían intereses antagónicos, de manera que el mismo concepto de *opinión pública* funcionaba ideológicamente, sin pasar del grado de «falsa conciencia» y contribuyendo desde la supraestructura social a bloquear el paso a una «verdadera democracia».[7]

En esta época que hace décadas empezamos a denominar posmoderna las cosas han cambiado, y no es exagerado afirmar que para la filosofía lo han hecho radicalmente, lo cual ha obligado a replantear muchas cuestiones, entre otras cómo entender su relación con la opinión pública: su presencia en ese espacio y sus funciones en la conformación de la misma. Prescindiendo ahora de otros asuntos para concentrarnos en lo que más toca al tema que nos ocupa, es importante destacar todo lo que significa la actual *sociedad de la información y la comunicación* —Vattimo, con excesivo optimismo, la llamó hace años «sociedad transparente»—,[8] configurada en virtud del alcance de los medios de comunicación y del desarrollo espectacular de la informática y la telemática. Ello, junto a los procesos económicos y políticos de una época de globalización, ha afectado a la democracia y a las nuevas exigencias que recaen sobre ella, como se evidencia en lo que conocemos como crisis de la representación política. Por sí misma, la contraposición entre democracia

7 J. Habermas, *Historia y crítica de la opinión pública*, México, Gustavo Gili, 1986, pp. 149 ss.
8 G. Vattimo, *La sociedad transparente*, Barcelona, Paidós, 1990, pp. 73 ss.

representativa y democracia directa ha perdido la rigidez de
antaño, y también frente a los peligros de la tecnocracia, las aspiraciones políticas apuntan desde tiempo atrás[9] a nuevas formas
de *democracia participativa*.

Compromiso de verdad sin lugar privilegiado. Las ambigüedades de la opinión pública

Desde hace décadas la opinión pública también se presenta con
nuevos rasgos, viendo incrementada su importancia en la dinámica política de nuestras sociedades. Atendiendo a ello, Habermas
insistió ya en la década de 1990 en que la soberanía política
no se agota en la articulación de la voluntad colectiva a través
de las instituciones estrictamente políticas, especialmente las
representativas, sino que también se ejerce por el cauce más
difuso, pero efectivo, de la *formación* de la opinión pública, que
funciona como contrapeso del poder —de los poderes *separados*
(ejecutivo, legislativo y judicial) propios de un sistema democrático de derecho—, e incluso como vía indirecta de legitimación o de deslegitimación de quienes ejercen dichos poderes:
funciona como vía complementaria para el mantenimiento de
la legitimidad proveniente del *apoyo ciudadano* explicitado en
votos —legitimidad de origen para quienes desempeñan res-
ponsabilidades políticas— o, en dirección contraria, como vía
para la expresión de los déficits legitimatorios ya del sistema, ya
del gobierno que en su seno opera, sea porque falle la correlación legitimidad-eficiencia ante las contradicciones que asoman
en el mismo Estado de bienestar —ya lo advertía Claus Offe en
la década de 1980—,[10] sea porque resulte cuestionable legitimidad

9   Cf. A. Cortina, *Ética aplicada y democracia radical*, Madrid, Tecnos, 1993,
pp. 100 ss.
10   Cf. C. Offe, *Contradicciones en el Estado de bienestar*, Madrid, Alianza, 1988.

política-legitimidad moral, lo que en cualquier caso es cuestión a resolver democráticamente.[11]

Si las funciones señaladas tienen que ver con el lado activo de la opinión pública, no podemos dejar atrás otras que tienen que ver con la facticidad de unas sociedades democráticas pinzadas entre la tecnocracia y el consumismo, a la vez que atravesadas por los nuevos modos de comunicación que suponen las *redes sociales*. En medio de todo ello, una opinión pública *difusa* se ve en gran medida sometida a la *ingeniería del consenso* y manipulada por las *técnicas del mercado*. Así es hasta hacerla derivar hacia una amalgamada sucesión de *estados de opinión* en los que un público de meros consumidores o espectadores se limita a aclamar el poder, devaluando el sentido mismo de la democracia en un Estado de derecho. Tal cosa ocurre cuando, aun no viéndose formalmente alterados los procedimientos políticos institucionales, una pieza esencial del funcionamiento democrático como es la opinión pública deja de ser *instancia crítica* para ser solo *instancia receptora* de mensajes procedentes de poderes económicos o políticos.[12] Es entonces cuando se ve reducida a opinión (inoculada) *en* el público, pero que ya no propiamente *del público*, generada por este, al faltarle la condición necesaria de la suficiente autonomía, lo cual es lo que ha de ganarse, a la vez que se la refuerza, en medio de un flujo de comunicaciones en un contexto pluralista.[13] Precisamente cuando se pierde dicha autonomía es cuando la opinión pública queda identificada sin más con lo que también se denomina «opinión publicada», de suerte que se produce una identificación entre el «cuerpo del pueblo» y dicho estado de opinión que refuerza las

11   J. Habermas, *La reconstrucción del materialismo histórico*, Madrid, Taurus, 1981, pp. 285 ss.; *Problemas de legitimación en el capitalismo tardío*, Buenos Aires, Amorrortu, 1989, pp. 88-95; *La necesidad de revisión de la izquierda*, Madrid, Tecnos, 1991, p. 282.

12   *Id.*, *Historia y crítica de la opinión pública*, *op. cit.*, p. 261.

13   G. Sartori, *Elementos de teoría política*, Madrid, Alianza, 1992, pp. 152-153.

dinámicas populistas y, por lo que toca a la filosofía, la obliga a poner el acento en la necesidad de expresar el «desacuerdo» respecto a la misma opinión así dominante.[14]

La filosofía, por su parte, incluso para expresar su «desacuerdo», ha de tener en cuenta las características de una (ambivalente) *sociedad de la comunicación* que de hecho le proporciona el nuevo contexto en el que desenvolverse. Sus cambios culturales la emplazan a replantear su discurso. Basta pensar lo que supone haber pasado de la relevancia paradigmática de la *representación* a la omnipresencia de la *imagen*; de claves temporales en términos de *secuencialidad* a la *simultaneidad*, con lo que esta supone de instalación en un continuo presentismo que ahuyenta otras perspectivas; o de las definiciones estables de la realidad a una realidad dinámica hasta el extremo, poliédrica, policéntrica desde el punto de vista político..., en la que la vieja distinción esencia/apariencia no sirve: la apariencia es configuradora de la realidad —como si, al cabo del tiempo, Berkeley hubiera ganado la partida.

Si la inmanentización de la trascendencia condujo a la filosofía a sustituir el más allá de la verdad por la verdad del «más acá», como escribe Donatella di Cesare,[15] el problema subsiguiente es, como quedó apuntado, no solo hablar de la verdad, sino sostener pretensiones de verdad en el espacio informe de la hipercomunicación, con su querencia al relativismo. Porque, en el fondo, ¿qué queda de la unidad de la razón y de la universalidad de sus pretensiones, sobre las que se habían apoyado cualesquiera pretensiones de verdad? Las respuestas son tan controvertidas que para muchos la cuestión se reduce a un estado de perplejidad en medio de nuestra historia —¿qué historia?, es lo que muchos se preguntan, escépticos desde el telón de

---

14   D. di Cesare, *Sobre la vocación política de la filosofía, op. cit.*, p. 131; J. Rancière, *El desacuerdo. Política y filosofía*, Buenos Aires, Nueva Visión, 1996.

15   D. di Cesare, *Sobre la vocación política de la filosofía, op. cit.*, p. 95.

fondo relativista que ha ido tejiéndose en la lanzadera occidental, precisamente con los mismos hilos del historicismo, entreverados con los de reacciones particularistas cuando se cuestiona el etnocentrismo dominante (eurocentrismo)—. Ante ello, ¿es necesario y posible reconstituir ciertos pilares resquebrajados de la Ilustración, en los que la filosofía se apoyó en su trayectoria a la vez que se vinculaba a la *publicidad* moderna como una nueva ágora, actualmente redimensionada con internet? Teniendo en cuenta las distorsiones autocontradictorias de la Ilustración, sea sosteniendo una perspectiva respecto a la modernidad que la considera «proyecto inacabado»,[16] sea dándola por agotada, sea remitiéndonos a una futura «transmodernidad»,[17] surge una y otra vez la tarea de una *reconversión* interna de los contenidos y modos de la reflexión filosófica, sin eludir su confrontación automediadora con una publicidad ambivalente ante la cual, desde la mencionada perplejidad, queda un tanto desubicada.

Una de las vías de respuesta por donde ha transitado la filosofía últimamente, ante cambios culturales que no pueden soslayarse, es la de un *pensamiento posmetafísico*. Ante una crisis tan fuerte como la que afecta a la filosofía justamente en medio de la *crisis de la modernidad*, que es lo que en realidad hay tras la posmodernidad, se trata de hallar una salida, dejando atrás la cuestionada metafísica y el lenguaje que le es propio. Todo estriba en reubicar a la filosofía en un nuevo contexto sociocultural y en un campo epistémico muy diferente del de épocas pasadas: hoy se presenta albergando una amplia gama de ciencias, muy potentes en sus resultados, con nuevos desarrollos hasta hace poco impensables, desde la genómica hasta la inteligencia artificial, los cuales abren nuevos interrogantes que la reflexión filosófica no puede eludir.

---

16   Cf. J. Habermas, «La modernidad. Un proyecto inacabado», en *Ensayos políticos*, Barcelona, Península, 1988.
17   E. Dussel, *Filosofías del Sur, op. cit.*, pp. 295 s.

En la medida en que es capaz de recrearse, la filosofía puede presentarse como ámbito específico, irreductible e ineliminable, propio para un *discurso argumentativo, crítico y reflexivo*, susceptible de formularse en versiones diferentes según corrientes y estilos, pero sin renunciar a pretensiones de verdad y a una perspectiva de globalidad. Tal tarea implica no dejar atrás toda una tradición recibida como legado, pero que hay que asumir críticamente, por ejemplo recogiendo la herencia de insoslayables *cuestiones metafísicas* —he ahí la diferencia con planteamientos positivistas o expresamente conectados al neopositivismo lógico como antecedente—, aunque con la consciencia de la distancia que las separa de lo que serían *respuestas metafísicas*, enfatizando el pensamiento posmetafísico, en la línea de Kant, que de suyo son imposibles como concluyentes. Con todo, no hay que perder de vista que el pensamiento que se presenta como *posmetafísico* no es la única alternativa, pues ahí están intentos solventes de una metafísica a partir de un nuevo paradigma, como es el caso de la *metafísica de la alteridad* de Emmanuel Lévinas. Por lo demás, la ya mencionada Donatella di Cesare tiene razón al afirmar que la filosofía no se libra del descrédito que afecta a la metafísica,[18] aunque se quiera establecer una especie de cordón sanitario para librarse de este, siendo por eso que ella apuesta por una filosofía que lleve su pensar allende un espacio sociopolítico alienado por una publicidad domesticada; propone, en consecuencia, una filosofía transida por «exofilia»,[19] por el impulso a salir a la *exterioridad* donde el otro/lo otro habita, en línea muy levinasiana,[20] conectando a la vez con el carácter exotérico de la filosofía que el citado Giorgio Colli acentuaba respecto a su nacimiento.

En cualquier caso, para hacer valer sus pretensiones la filosofía ha de ser consecuente con su propia consciencia de que *no*

---

18   D. di Cesare, *Sobre la vocación política de la filosofía, op. cit.*, p. 94.
19   *Ibid.*, pp. 155 ss.
20   Cf. E. Lévinas, *Totalidad e infinito, op. cit.*

hay ningún lugar privilegiado para conocimiento alguno. Ello supone abandonar las funciones anteriormente atribuidas de legisladora de la razón —¿quién, por lo demás, estaría dispuesto a someterse a su legislación?—. Ni el conocimiento científico, ni la cultura en su diversidad de campos admiten una instancia que se arrogue esa tarea. Por lo mismo, quien desde la filosofía se presente pretendiendo incidir en la opinión pública tampoco puede hacerlo desde esos parámetros, lo cual incluye igualmente el abandono de toda intención de monopolio sobre algún tipo de verdad —dando por otra parte como asentada la convicción de que la conseguida exclusión de cualquier pretensión de verdad absoluta no implica quedar varado en un escepticismo sin salida o en un relativismo incurable.

Tomando distancias de posiciones como las representadas en su día por Rorty, las cuales restringen la filosofía a una tarea «edificante» —llevando la contraria directamente a Hegel—, dejándola circunscrita al marco particularista de una determinada tradición cultural,[21] se sostiene mantener como constitutivo de la reflexión filosófica el ejercicio de una *función crítica* que, por supuesto, puede dar cuenta de los criterios en los que se apoya de un modo argumentativo. Con todo, hablando de la filosofía en conjunto, más allá de las aportaciones individuales, ella no puede quedarse en la cara negativa de la *crítica*, sino que ha de trabajar también para la *propuesta* acometiendo qué decir en cuanto al abordaje de problemáticas de nuestra época. Es cierto, no obstante, que al entrar en el terreno de la propuesta, por la perspectiva desde la que se hace, por la dimensión normativa o valorativa que se pone en juego, por el tipo de racionalidad desde el que se opera…, la filosofía ha de hacer oír una voz propia que, desde su misma práctica dialógica con otros saberes, no se identifica con la de las ciencias en su diversidad

---

21   R. Rorty, *La filosofía en el espejo de la naturaleza*, Madrid, Cátedra, 1989, pp. 323 ss.

ni, por otro lado, las suplanta. A partir de esa doble vertiente de crítica y propuesta, la filosofía puede afrontar, como sugiere Habermas, tareas de *interpretación de la cultura y mediación del sentido*, por un lado, y de *mediación entre el saber de expertos (ciencias) y el mundo de la vida*, por otro.[22] Ahora bien, al cumplir tales tareas la filosofía no puede quedarse en ser «funcionaria» del consenso olvidando esa dimensión congénita que podemos llamar «subversiva», heredada del mismo Sócrates como figura fundacional, máxime en contextos de un acusado «pluralismo agonístico», destacados por Chantal Mouffe como propios de nuestras democracias reales.[23] No obstante, no hemos de pasar por alto que la referencia a Sócrates también refuerza el papel de la «coacción sin coacciones» que suponen los buenos argumentos, máxime en un democracia deliberativa que efectivamente lo sea hasta el punto de contar con una opinión pública robusta que haga valer su «poder comunicativo».[24]

Precisamente esas funciones que se acaban de señalar exigen que la filosofía no quede encerrada en los círculos académicos y que salga a los espacios de la opinión pública, sin duda más abiertos y menos delimitados, y por consiguiente más *inseguros*. Buscando formas de expresión y difusión acordes con ese objetivo, la filosofía puede contribuir de modo eficaz a la formación de la opinión pública, no desde una posición directiva de todo punto rechazable además de imposible, sino llevando al terreno de las opiniones ese proceder dialéctico que ya proponía Aristóteles para hacer valer su especificidad argumentativa, crítica y reflexiva.[25] Dado el pluralismo y la diversidad cultural de nuestras

22   J. Habermas, «La filosofía como vigilante *(Platzhalter)* e intérprete», en *Conciencia moral y acción comunicativa*, Barcelona, Península, 1985, pp. 9-29.

23   C. Mouffe, *La paradoja democrática. El peligro del consenso en la política contemporánea*, Barcelona, Gedisa, 2012, p. 26.

24   C. Lafont, *Democracia sin atajos. Una concepción participativa de la democracia deliberativa*, Madrid, Trotta, 2021, pp. 100 ss.

25   J.L. Villacañas, «La filosofía y la formación de la opinión pública», en

sociedades, en el mismo espacio de la opinión pública, la filosofía no puede dejar de plantearse cómo operar en el seno de esa
pluralidad, cómo tratarla —no solo la pluralidad intracultural,
sino también la intercultural—, para hacer viable, quizá en cierto modo como *plataforma de traducción múltiple*, el entendimiento
posible de una razón humana que se expresa en múltiples voces
—y si es problemático hablar enfáticamente de su unidad, como
Habermas sigue haciendo aun desde su pensamiento posmetafísico,[26]
al menos hay que despejar caminos transitables para una nueva
universalidad en cuanto a las pretensiones de las razones diversas
a partir del «pluriverso» que constituyen.[27]

Si la filosofía tiene que cambiar ciertos modos para acceder
a los que actualmente son los espacios de la opinión pública,
entre ellos está acentuar su faceta de una retórica bien planteada, al servicio de la argumentación —el *arte de la persuasión*, que
decía Colli, al servicio de la dialéctica—. Es lo que Claude
Lefort subraya comentando la obra de Tocqueville, poniendo
de relieve cómo sus ideas ganaron eco con su «arte de escribir»,
viendo en ello una manera de penetrar en el tejido social haciendo que su opinión lograra ser parte de esa «carne de lo
social», dicho con expresión tomada de Merleau-Ponty[28] —el
acento en la cuestión resulta próximo a lo resaltado por la citada
Noelle-Neumann cuando ve la opinión pública como «la piel
social»—. Cuidar la retórica no supone entender y practicar la
filosofía al precio de reducirla a solo literatura —disolvería, por
lo demás, la cuestión de su incidencia en la conformación de la
opinión pública—. Es decir, la filosofía no debe desentenderse
de sus pretensiones de validez; mantenerlas desde el discurso

---

J.A. Pérez Tapias y J.A. Estrada (eds.), *¿Para qué filosofía?*, Granada, Editorial
Universidad de Granada, 1996, pp. 220 ss.

26   J. Habermas, *Pensamiento postmetafísico, op. cit.*, pp. 155 ss.

27   B. de Sousa Santos, *El fin del imperio cognitivo. La afirmación de las epistemologías
del Sur*, Madrid, Trotta, 2019, pp. 378 ss.

28   Cf. C. Lefort, *El arte de escribir y lo político, op. cit.*, pp. 139 ss.

filosófico supone desmontar el falso dilema de o absolutismo o relativismo en torno a la verdad para sostener, en cambio, la viabilidad y pertinencia de pretensiones de verdad e incluso de planteamientos universalistas, bien es cierto que reorientados hacia un universalismo dialógico, no impositivo, no atrapado, por tanto, en la falacia etnocéntrica consistente en presentar como universal lo que no deja de ser particularismo abusivamente generalizado. Junto a ello hay que tener en cuenta, como apreciación imprescindible, que el discurso filosófico, incluso cuando es llevado a la tribuna de los medios de comunicación, no deja de tener una índole teórica, lo cual es importante no olvidarlo por cuanto no puede eludir la «impotencia» que lo caracteriza al no ser de aplicación inmediata cual si fuera un manual de instrucciones.[29] Ahora bien, el que haya un hiato ineliminable entre teoría y praxis no exime de un *imperativo de coherencia* que obliga aún más cuando la filosofía pretende engarzar con la opinión pública: ha de hacerlo como *teoría para la praxis*, sin eludir la complejidad ni evadiéndose del compromiso que suponen siempre las vías de mediación.

La palabra filosófica en redes sociales y medios de comunicación

La filosofía no debe quedar fuera de los cauces por los que puede conectar con la opinión pública, pues a ello se ve abocada en cuanto opte por asumir su responsabilidad como «filosofía mundana» —nos permitimos un uso amplio de esta expresión que Kant utilizó con el éxito de todos conocido y que hoy sigue inspirando debates y tareas filosóficas relevantes—.[30] Aparte de

29   K.-O. Apel, «La transformación de la filosofía», en *La transformación de la filosofía*, tomo I, Madrid, Taurus, 1985, pp. 9 ss.

30   Cf. J. Gomá, *Filosofía mundana*, Barcelona, Galaxia Gutenberg, 2016; *Ingenuidad aprendida*, Barcelona, Galaxia Gutenberg, 2011, pp. 15 ss.

la incidencia mediata a través de la docencia en los distintos niveles educativos y de formación —de ahí, por ejemplo, la importancia del debate acerca de la asignatura *Ética* en educación secundaria[31] o la necesidad de insistir en el conocimiento que brindan las distintas ciencias, en especial los saberes propios de las humanidades y el específico de la filosofía, ofreciendo «las verdades de las Letras frente a la posverdad del mercado»—,[32] requiere especial atención la presencia de la filosofía, junto a otros saberes, en los medios de comunicación, incluyendo hoy las *redes sociales* en ellos, los cuales, por otra parte, a la vista de su diversidad y el nuevo contexto de una *cultura digital*,[33] no pueden contemplarse meramente como «medios de comunicación de masas». Es obligado reconocer que tal conexión —urgida también por el compromiso de *transferencia social del conocimiento*— no siempre es fácil, si por ella entendemos algo más que incursiones esporádicas o muy personalizadas en dichos medios.

Es un dato de la realidad que los *medios*, si por un lado son empresas de un mercado capitalista *sui generis*, por otro son *redes sociales* (Twitter, Facebook, WhatsApp…) con fuerte capacidad de penetración en un público amplio, pero con señalados y conocidos límites por su mismo formato o por sus propias dinámicas. Así es el complejo territorio de la comunicación, más allá del mundo editorial para el formato libro o de las revistas especializadas, del cual hay que decir, no obstante, que no constituye un bloque cerrado y monolítico, sino que presenta huecos por los que acceder a un público amplio y conseguir cierto eco. Es verdad que eso es más factible en la prensa escrita, ya en papel y actualmente sobre todo digital, que por el modo de seguir ope-

---

31   J. A. Pérez Tapias, «Sobre la conveniencia de una escuela con Ética», *Contexto y Acción CTXT*, 26 de noviembre de 2020, https://ctxt.es/es/20201101/Firmas/34210/escuela-etica-ley-celaa-jose-antonio-perez-tapias.htm
32   *Id.*, *Universidad y humana dignidad, op. cit.*
33   *Id.*, *Internautas y náufragos, op. cit.*

rando con textos se presta más a las intervenciones desde la filosofía de cara a la opinión pública. Características distintas ofrecen la radio y la televisión, que implican constricciones —en especial la *tiranía del tiempo*— que hacen más difícil la presencia en ellas de la filosofía, a lo que hay que sumar la normal exigencia de tener ya determinado relieve público para acceder a ellas. No obstante, en el campo audiovisual, los canales que ofrece la telemática —el caso de YouTube o el de otras vías para videoconferencias, etc.— brindan cauces alternativos que suponen nuevos intersticios en los que operar en el complejo ámbito de la opinión pública.

Sean cuales sean los rasgos diferenciadores de cada medio, conviene señalar que la presencia de la filosofía en ellos, en la medida en que su discurso mantenga su perfil filosófico, supone en cierto modo una cuña en alguna forma *contra natura* respecto al medio del que se trate. Un discurso de connotaciones filosóficas expresamente hechas valer, aun para un público amplio, no dejará de suponer en los medios una presencia un tanto paradójica —en correlación con la «paradoja democrática» que llevan consigo democracias actuales enfangadas en contraposiciones agonísticas, a veces incluso en términos de odio, que impiden lo que tendría que ser verdadero «debate agónico» en torno a alternativas ante los problemas que nos acucian—.[34] Dicha presencia ha de implicar apostar por la crítica frente al aplauso, por la reflexión frente a la locuacidad disparada y a veces disparatada, por la argumentación contra la demagogia, por las verdades que con razones se puedan sostener frente a la sinrazón de la posverdad...; y todo ello a sabiendas de que la misma filosofía no cuenta con vacunas previas que garanticen que quien habla desde ella no se deslice hacia todo eso a lo que debe contraponerse.

Suponiendo que la palabra que se diga desde la filosofía sea relevante, pertinente, específica e inteligible, no hay que perder

---

34 C. Mouffe, *La paradoja democrática, op. cit.*, 125 ss.

de vista lo relativo a *quién* la dice y en calidad de *qué*. Desde la filosofía no brota, por fortuna, una palabra unánime, ni nadie puede erigirse en su portavoz. Quien hable *desde* ella no lo hace, pues, en nombre de toda ella, sino a título personal, con la cualificación que le dé su inserción en una tradición de pensamiento, la *administración* de una herencia cultural y su buen hacer profesional en el más limitado campo de la filosofía académica, si es el caso.

Dicho todo eso, y anticipando lo que habrá que subrayar respecto a quienes en el ámbito de la opinión pública desempeñen una *función intelectual*, es obligado señalar que los profesionales de la filosofía que intervienen en el espacio donde se conforma la opinión como posición colectiva lo hacen en calidad de *ciudadanas o ciudadanos* —en todo caso como ciudadana o ciudadano que se dedica a la filosofía, no como una suerte de filósofo-ciudadano que sería una última versión del *plus* que supuestamente encarnaría el filósofo-rey platónico—. A ese respecto se puede recoger la observación de Michael Walzer cuando, tras subrayar que las instituciones de la democracia no están formalmente a expensas de la validación de los filósofos, insiste en que estos «no cuentan con derecho especial alguno en la comunidad política»; es cosa sabida, pero al recordarlo lo remacha con estas palabras: «En el mundo de la opinión, la verdad es en el fondo una opinión más, y el filósofo solo es otro creador de opiniones».[35] Sin duda, es opinión inapelable en cuanto a lo que ocurre de hecho y a la no pertinencia de reivindicar derecho especial alguno; no obstante, eso no implica considerar igualmente válidas todas las opiniones, pues ello depende de la solidez de los argumentos sobre los que se sostengan. Es ahí donde el filósofo se la juega, como cualquier otro ciudadano o ciudadana.

35   M. Walzer, *Pensar políticamente*, Barcelona, Paidós, 2010, p. 52.

Asumido, pues, que el filósofo «no tiene nada de excepcional»,[36] lo dicho significa concurrir en pie de igualdad con quienes hagan otras aportaciones, poniendo en juego desde esa expresa posición de humildad intelectual su bagaje y habilidades en la argumentación, su capacidad de análisis y de síntesis, su afán por convencer racionalmente —aun en contra de tanta sobrevaloración de las emociones—, y todo eso con la audacia que requiere el compromiso que conlleva todo planteamiento crítico —en especial frente al predominio de tanto sectarismo político, con sobreabundancia de pensamiento gregario de tanta «mente cautiva».[37]

La componente *democrática* de la filosofía, como ejercicio de la racionalidad en principio accesible a todos, y distinto de las otras formas de ejercitarla que dan lugar a los saberes de *expertos*, es, por tanto, la que aflora en la pretensión defendible con buenas razones de una «sociedad ilustrada», contando con una puesta al día de lo que eso puede significar, ya no a finales del siglo XVIII, sino a mediados del siglo XXI. Diremos que en ella, en un extremo utópico contrafácticamente imaginable, ya no harán falta «ilustradores», pero, ciertamente, también aquí nos movemos en el *mientras tanto* del machadiano «hoy es siempre todavía», hasta que ese *ideal* esté conseguido —y, como todo ideal, nunca lo estará del todo—, y en la distancia del blochiano «aún-no» que media se requerirá el ejercicio de una *autoridad* —también autoridad *moral*— de tipo racional (autodisoluble, por tanto), que desde el ámbito de la filosofía hay que reivindicar de forma no exclusiva ni excluyente para contribuir a la formación democrática de la opinión pública. Cabe añadir, anticipando conclusiones desde la perspectiva abierta y desde el conocimiento de nuestro contexto cultural y concretamente sociopolítico, que ni

---

36   A. Glucksmann, *El undécimo mandamiento. ¿Es posible ser moral?*, Barcelona, Península, 1993, p. 253.

37   Cf. C. Miłosz, *La mente cautiva, op. cit.*

siquiera cabe ya un *rol* y una pose como la del *intelectual* de tiempos pasados. Como constató Habermas hace unas décadas, quedó atrás la época de «los grandes maestros» y es inútil la nostalgia.[38] Más bien habría que felicitarse de que eso obligue a todos a una *mayoría de edad* más consecuente.

LA VERDAD MORAL DE LA EXIGENCIA DE JUSTICIA. ÉTICA Y POLÍTICA EN EL DEBATE PÚBLICO

Forma parte de los elementos fundacionales de la tradición filosófica pensar que, si algún sentido tiene la política, este ha de formularse en términos de justicia —en los objetivos, en los procedimientos e incluso en lo que se refiere a las actitudes de la ciudadanía que interviene en los asuntos públicos que la afectan—. Puede decirse por ello que esa exigencia de justicia es la verdad de la política, su *verdad moral*, sobre la que se sostienen los discursos normativos acerca de lo político con los que se pone en relación la facticidad de la política, especialmente en el ámbito de la opinión pública. Es por ello por lo que en dicho espacio, más allá de la academia, se llevan los debates sobre la relación entre ética y política como cuestión de especial interés para una ciudadanía activa que participa en la vida política de su comunidad.

¿Cómo afrontar ese debate para que la demagogia no lo arrastre al fango del cinismo? ¿Qué decir al respecto desde una ciudadanía que muchas veces contempla atónita cómo se tensa el antagonismo entre ética y política, acentuándose la contradicción entre lo que se dice desde el discurso de la reflexión moral y lo que se hace y se dice desde el campo político y sus elaboraciones ideológicas? ¿O cómo afrontar los dilemas morales que inevitablemente se presentan ante quienes han de decidir en las

38   J. Habermas, *Perfiles filosófico-políticos*, Madrid, Taurus, 1984, p. 23.

instituciones políticas y gobernar desde ellas? La verdad moral que políticamente nos es necesaria ha de sostenerse afrontando interrogantes como esos, siendo muy conveniente para ello alguna clarificación inicial, y al respecto nos sirve muy bien la que nos ofrece Adolfo Sánchez Vázquez haciendo balance de su trayectoria académica en México y de su compromiso político antes y después de emprender el camino del exilio tras la guerra civil en España. Nuestro filósofo mexicano señala que no nos vale «la moral sin política», pues es posición en la que la moral se desentiende de las circunstancias de la aplicación de los principios éticos y de la moralidad en cuanto a los medios que se utilicen, lo cual induce un moralismo políticamente impotente, proclive al refugio en utopías abstractas. Tampoco nos sirve —dice en segundo lugar— «la política sin moral», la cual, en nombre de la eficacia o de los resultados, rechaza que la política sea juzgada con criterios éticos, propiciando la deriva hacia el más cínico pragmatismo y, en el extremo, hacia prácticas totalitarias. Sánchez Vázquez expone el planteamiento que defiende como «una tercera forma de relación entre los dos aspectos mencionados, o entre fines y medios», planteamiento que incide en la «coherencia o conjunción entre ellos», lo que implica «que no solo los fines tienen que justificarse por su bondad sino que también los medios —aunque sean eficaces— tienen que ser juzgados moralmente».[39] Es la bondad relativa al principio de justicia que ha de promover una *política moralmente orientada*.

Sería ingenuo prescindir del hecho de que la política, como «esfera» autónoma —dicho en clave weberiana— tiene su propia lógica, aunque a renglón seguido hay que añadir que eso no significa que sea independiente de todo lo demás —basta corroborar los condicionamientos que le vienen del ámbito económico—. Precisamente por no ser independiente de lo que

---

39   A. Sánchez Vázquez, *Una trayectoria intelectual comprometida*, México, UNAM, 2006, p. 99.

ocurre en la sociedad, la política se ve afectada por las pautas que se dan en ella —y viceversa: influye en las que se instauran socialmente—. Con todo, tal consideración se atiene a lo que sucede *de hecho*, pero no todo lo que puede decirse al respecto ha de limitarse a ello. Tal es el caso si pensamos que la política debe atenerse a una ética, a veces distinta o incluso contra la moral sociológicamente imperante, máxime dado su carácter de representación, de ámbito de ejemplarización de comportamientos y de trato con lo que es común a todos, que debe abordarse con criterios de justicia. Así, desde un punto de vista normativo, no hay disculpa para aquello que no es éticamente justificable en la actuación de quien se dedica a la política y de ahí que para la opinión pública no deje de ser relevante la temática relativa a la *ética del político*, lo cual ha de considerarse a la vez que se critica la hipocresía social cuando se exige respecto al ámbito de la política lo que no se exige en otros terrenos de la vida social.

Con todo, hay que reconocer la peculiaridad que supone para la política ser ámbito de *acción*. La acción política requiere sus propias claves, incluidas determinadas habilidades, pero lo que define a la *acción*, entendida como aquello que los griegos llamaban «praxis», es el estar dotada de *sentido*. No se trata de una mera actividad más, ni se hace mejor política solo por el hecho de acumular muchas actividades, incluso a velocidad de vértigo, por eso de no dejar huecos en las «agendas» ni terreno libre —en los medios— al adversario o simplemente al competidor. Esa actividad por la actividad misma —*activismo*, en el sentido negativo del término— no es político, si tenemos en cuenta que la política es acción, esto es, actividad a la que se le imprime un *sentido*; y al hablar de *sentido* nos estamos comprometiendo con las connotaciones morales de la palabra. Para nuestros antecesores griegos eso estaba tan claro que la ética y la política eran los campos de la acción propiamente dicha, pues de ellos dependía el sentido de la propia *humanidad* tal como la vivían en el seno de la *polis*.

Plantear la política como *acción con sentido* implica, por tanto, no aceptarla como reducción a actividad puramente habilidosa o técnica, por muy eficaz que sea, con lo cual se establece una distancia clara con cualquier pragmatismo político a ultranza. Es inevitable a este respecto acordarse del Maquiavelo que escribe *El príncipe* para dar cuenta de las que son de hecho «las técnicas» para ganar y conservar el poder, pero de forma que al tomar distancia respecto al *realismo político* del florentino se haga sin retroceder hacia ingenuidades teóricamente premodernas, como si hubiera un hilo directo entre lo moralmente exigible y lo políticamente viable. Es a ese respecto que la crítica maquiavelana tiene su razón de ser, sin que reconocerlo obligue a cargar con lo que se ha rotulado como maquiavelismo.

Puestos a la crítica de un pragmatismo ajeno a la moral, es oportuno hacer hincapié en que ello no se restringe al campo de la política; por el contrario, se puede encontrar en todos los campos de la vida social y en las mismas trayectorias personales. Tras esa consideración cabe volver al *sujeto* de la *acción política* para enfatizar que este es, en primera instancia, el ciudadano o ciudadana, lo cual lo podemos subrayar como herencia del mundo griego, con la importante e imprescindible salvedad de contemplar la condición de ciudadanía incluyendo a las mujeres —cosa que no ocurría en la *polis*, por más que hubiera «Diotimas» luchando contra esa exclusión—.[40] Esa es la matriz de la concepción republicana de lo político, luego reformulada desde el punto de vista de los derechos políticos que se ejercen, añadidos a aquellos reivindicados para que el mismo Estado y sus poderes se comprometan a su garantía y protección como derechos civiles —sobre los que en la modernidad recayó el acento de la tradición liberal—. Sin el ejercicio de la ciudadanía la *humanidad* de cada cual queda menguada, es decir, privada de esa acción con sentido moral

---

40   Cf. A. Pagés, *Cenar con Diotima. Filosofía y feminidad*, Barcelona, Herder, 2018.

desde la que accedería a la mayor excelencia en su autodespliegue, que era lo que se entendía por *virtud (areté)*, vinculando a ella la felicidad. Desde hace tiempo —ya que no vivimos en la inmediatez del mundo unificado de los antiguos— no nos sentimos en disposición de establecer ese vínculo directo entre virtud y felicidad —recordemos el decisivo paso del deontologismo kantiano a ese respecto, siendo respuesta en su ética a lo que el contexto cultural inducía y su *teísmo moral* acaba respaldando gracias al postulado de la existencia de Dios conjugado con el de la inmortalidad del alma para poner en el más allá la conjunción de virtud y felicidad—. Pero eso no quita reconocer que sin el ejercicio «virtuoso», es decir, moralmente orientado, de una ciudadanía activa y solidaria no procede hablar éticamente en serio de felicidad, aunque sea en comedidos tonos de autorrealización.

La herencia de los griegos en cuanto a la condición de ciudadanía —implicaba *isonomía e isegoría* (igualdad en el ágora)—, pasando por muchas mediaciones históricas, desde el republicanismo romano hasta el pensamiento político burgués, se enriqueció en la modernidad con la progresiva universalización de la ciudadanía y sus derechos, si no en los hechos —aún queda trecho por recorrer—, sí en el plano normativo. El movimiento obrero y el movimiento de las sufragistas fueron decisivos para la extensión de los derechos de ciudadanía a los trabajadores y a las mujeres, en una cadena de reivindicaciones que se prolonga con los derechos de los inmigrantes, etc. La cuestión a destacar en este momento es que, generalizada normativamente la ciudadanía, el paso siguiente es pensar que la vocación política que ello entraña igualmente se universaliza: todos somos —hemos de ser— *sujetos de acción política*. Tal cosa es lo coherente con la democracia, a tenor de lo que significa el pueblo como *demos*, debido a lo cual lo consonante con ello es hacerla más participativa cada vez —pretensión que no ha de ser planteada en menoscabo del carácter representativo de nuestras democracias parlamentarias, sino como refuerzo complementario de ellas.

Que los hechos, en las *democracias realmente existentes*, queden por detrás de lo que entraña esa visión normativa —republicana— de la democracia no es óbice para mantenerla con lo que supone de compromiso político en cuanto a su realización efectiva. Es lo que sitúa a una concepción republicana de la democracia en posición contraria a la de Leo Strauss cuando, al hilo de sus disquisiciones sobre conservadurismo y liberalismo, viene a considerar ilusoria no solo la idea de una democracia participativa, sino el concepto mismo de democracia incluso acotado en su referencia a la democracia representativa, partiendo de que entender la democracia como algo para lo que toda la ciudadanía es competente es apreciado como insostenible elevación aristocratizante en relación con lo político. Para tal apreciación conservadora, la realización de la democracia no puede pasar de una democracia elitista para el «gobierno sobre las masas». Frente a la contradicción que conlleva tal concepción de la democracia, analizada profusamente por Claude Lefort,[41] para la cual además la opinión pública no tiene más sentido que la de ser *opinión publicada* para quedar como objeto de sondeos demoscópicos, hay que oponer ese concepto republicano de democracia cuyo punto de arranque es entender la política como algo relativo a toda la ciudadanía y a su debido protagonismo en ella.

Viendo la relación ética-política desde la perspectiva expuesta, esta induce a situar en primer plano lo que ha de ser una *ética ciudadana*, siendo en ese marco donde hay que situar la *ética del político* teniendo en cuenta la especificidad de la acción política, máxime cuando está protagonizada por personas de alguna forma dedicadas «profesionalmente» —no implica que sea indefinidamente— a la política, dado los problemas morales que se presentan en las decisiones políticas y de cara a su implementación parlamentaria, legal, ejecutiva o administrativa.[42]

---

41   Cf. C. Lefort, *El arte de escribir y lo político, op. cit.*, pp. 200 ss.
42   Cf. M. Alcántara, *El oficio de político*, Madrid, Tecnos, 2013.

Lo relevante, en todo caso, es que hay que contemplar la ética en la política como un *ejercicio de ciudadanía públicamente comprometido*, y por eso no ajeno, sino todo lo contrario, a la exigencia de justicia en que se cifra la *verdad moral* de la acción política.

Se explica, pues, que la opinión pública sea sensible a lo que la reflexión ética, por su parte, sistematiza y pone de relieve —de ahí la importancia de lo que Michael J. Sandel subraya en cuanto a «hacer filosofía en público», para contribuir desde la filosofía a esclarecer el discurso público actual—:[43] no cabe defensa de ninguna deontología particular en contradicción con principios morales para los que reclamamos universalidad —menos aún, admite clamorosas excepciones, que no son sino actos contrarios a lo moralmente exigible para todos, como ocurre en los casos de corrupción—. Dicha consideración es la que se puede reformular al modo kantiano diciendo que cualquier concepción particular de *lo bueno* debe supeditarse —dejarse interpelar y ahormar— por lo que podamos sostener con pretensiones de universalizabilidad como *lo justo*, por más que de hecho lleguemos —al modo habermasiano— al acuerdo sobre *lo justo*, por provisional y revisable que sea, a partir de las concepciones sobre *lo bueno*, las cuales luego, como efecto de retroactuación, han de dejarse cuestionar desde lo exigible en justicia. Es tal dinámica ético-política la que permite la articulación de pautas y normas de convivencia social, democráticamente establecidas, en sociedades pluralistas, con las concepciones de *máximos de vida buena* y *mínimos irrenunciables de justicia* que se plantean en ellas, unos y otros con las razones que han de argumentarse en los procesos de deliberación que se llevan a cabo en parlamentos y, a otra escala, en el ámbito de la opinión pública.

43 M.J. Sandel, *Filosofía pública. Ensayos sobre moral en política*, Barcelona, Marbot, 2008, p. 18.

Política tomando la moral en serio, con Lévinas y Horkheimer

Tenemos, pues, que al decir que la acción política ha de estar moralmente orientada se indica que su sentido se plasma en la búsqueda de objetivos de justicia, susceptibles por tanto de ser propuestos, asumidos y realizados con criterios universalistas —sin ellos queda bloqueado el camino para una política emancipatoria, como apunta Žižek, no sin señalar que esta supone ir más allá de lo que hoy por hoy es marco liberal-democrático—.[44] Hablar de «moralmente orientada» no quiere decir que todo en esa política sea reducible al punto de vista moral y resoluble solo desde él, pues ya en la misma deliberación democrática previa al decidir y actuar han de intervenir consideraciones de otro tipo. Por otro lado, hay que poner el acento en que la moral tiene una insoslayable dimensión política, pero en este caso hay que matizar que eso no significa que todo sea reducible a política o quede absorbido por ella —de la misma manera que no todo lo humano queda abducido por la condición de ciudadanía, aunque pensemos que sin esa condición de ciudadana o ciudadano queda gravemente mutilada la *humanidad* de cada cual.

Para profundizar en esa relación bidireccional entre exigencia moral y acción política hay que tener en cuenta, pues, tanto los reclamos de la primera como el espíritu crítico con el que ha de abordarse la segunda. Sobre la seriedad de la exigencia moral bien cabe tomar como referencia de primer orden el supuesto, explícitamente formulado, incluso con tono de *pro-vocación*, con el que Emmanuel Lévinas abre las páginas de *Totalidad e infinito*: «Aceptaremos fácilmente que es una cuestión de gran importancia saber si la moral no es una farsa».[45] Sin duda, es cuestión crucial: ¿por qué ser moral? ¿Por qué el bien y no el mal? ¿Por qué empeñarse en la justicia y no transigir con la injusticia? De

---

44 S. Žižek, *En defensa de causas perdidas*, Madrid, Akal, 2011, p. 13.
45 Cf. E. Lévinas, *Totalidad e infinito, op. cit.*

ello se trata en la *acción política*, si es verdadera praxis y no activismo trufado de intereses. Por eso la cuestión es ineludible, so pena de que la política se reduzca a correlaciones de fuerza en el seno de lo que hay, lo cual no supone sino una *lógica de la guerra* o la sacralización del dominio del más fuerte que, desde el punto de vista moral, no merece el nombre de política —ya se lo negaba Platón en sus diálogos haciendo hablar a Sócrates.

Confrontándonos con la mencionada cuestión crucial, que desplaza la fría y tradicional cuestión ontológica acerca de por qué el ser y no la nada, Lévinas pone el dedo en la llaga: o nos tomamos en serio la moral o consentimos con la farsa en la que se disuelve todo sentido, lo cual puede darse desde las relaciones interpersonales hasta las relaciones sociales en el espacio político, pues dicha cuestión no responde a un mero ejercicio intelectual, sino que es planteada por el *otro* que interpela, que exige justicia, que cuestiona el *statu quo* en el que nos instalamos desde la injusticia. Tal cuestionamiento no lo hace solo el *otro* con el que inmediatamente entramos en relación, sino también ese *otro* que nos convoca a la justicia como «tercero» más allá de cualquier pacto interesado entre dos —tema principal en Lévinas—,[46] demandando la construcción de un orden social en clave de esa justicia en la que la propia libertad puede alcanzar su razón de ser —«justificar-se», hacerse justa.

Según muestra el pensamiento de Lévinas, estamos emplazados: o nos empeñamos en una política radicalmente orientada por la exigencia ética de justicia, que incluso cuestiona hasta intereses legítimos según pautas al uso, si colisionan con los derechos del *otro* que en justicia reivindica, o no hay política digna de tal nombre, sino solo descarnada lucha por el poder, reducido en tal caso a voluntad de dominio en el seno de lo que «hay». ¿Y los derechos propios —podría preguntar cualquiera— no pintan nada? No es el caso, obviamente, solo que,

---

46   Cf. *Id.*, *De otro modo que ser*, *op. cit.*

desde la *ética como «filosofía primera»* tal como la propone Lévinas, se apunta, a tenor de la prioridad ética que se reconoce en el *otro* como interpelante del yo —lo cual no supone consagración de ninguna supuesta primacía ontológica—, que la manera de asegurar que no suplantamos derechos (ajenos) por intereses (propios) es poner por delante los derechos del otro; salvados esos derechos, con ellos a buen seguro quedan salvados los nuestros.[47]

Lévinas, en efecto, nos sitúa en el nivel de radicalidad que permite *responsablemente* la relación entre ética y política, sin la falsedad de los paños calientes que encubren las imposturas de hacer pasar por servicio al *bien común* lo que no excede de defensa particularista de intereses individuales o colectivos —aprovecharse fraudulentamente de cualesquiera bienes comunes en función de intereses particulares es la esencia de la corrupción política—. Viniendo a coincidir en una radicalidad ética que igualmente se proyecta a la política tenemos reflexiones que Max Horkheimer comparte con su interlocutor en una muy difundida entrevista de 1970, especialmente cuando las expresa diciendo que «una política que, aunque sea de forma nada refleja, no contenga en sí teología, se reduce, por hábil que sea, en último término a negocio».[48] Estas palabras de quien impulsó la teoría crítica resultan sin duda sorprendentes. ¿Cómo entender eso de que la política sin teología es un negocio, dicho por un filósofo que no ha ocultado su ateísmo, si bien peculiar ateísmo? Para disipar malentendidos, procede aclarar que Horkheimer no propone nada parecido a alguna forma de regresión teocrática sobre la sociedad. Es más, cabe afirmar que su visión laica de lo político se mantiene y hasta se refuerza con esta declaración suya sobre la política, por sorprendente que pueda resultar. ¿Qué quiere decir, entonces, cuando habla de teología?

47   J.A. Pérez Tapias, *Del bienestar a la justicia, op. cit.*, pp. 197 ss.
48   M. Horkheimer, «El anhelo de lo totalmente otro», *op. cit.*, p. 178.

En la entrevista que se cita, que se publicó con el significativo título «El anhelo de lo totalmente otro», Horkheimer matiza, explicitando que lo hace con cautela, que «teología es la esperanza de que la injusticia que atraviesa este mundo no sea lo último, que no tenga la última palabra». Es reflexión de un pensador proveniente de la tradición judía —al igual que Lévinas, que hace un recorrido convergente con el comentado, pues, siendo creyente, por su parte propone, con toda lucidez, una metafísica «a-tea»—, que no ha dejado de realzar ese punto propio de judaísmo cual es la prohibición de imágenes de Dios. Sin embargo, heredero de esa tradición, desde su ateísmo, vuelto hacia un legado religioso que no puede arrojarse por la borda, también afirma que es inútil querer salvar un sentido incondicional sin Dios, mas enfatizando a continuación que de ese Dios (filosóficamente) no se puede hablar.

¿Adónde apunta el discurso paradójico de quien habla de un «anhelo de lo totalmente otro», vivido como nostalgia de trascendencia a la vez que como anhelo de que la injusticia no tenga la última palabra? De manera análoga a como Lévinas lleva la reflexión ética a la radical pregunta metafísica de por qué ser moral, Horkheimer también mantiene los rescoldos de la metafísica en su planteamiento crítico para decir que no cabe política *en serio*, esto es, *moralmente orientada*, si no es desde exigencias incondicionales de justicia. El respeto incondicional a la dignidad del otro que pide justicia —imperativo moral por excelencia, como Kant puso de relieve—, incluso como exigente recuerdo de la víctima frente a la criminal insolencia del verdugo, es la piedra angular de una política que resiste a la reducción a puro negocio. Si no se sitúa la política bajo el principio rector de exigencias incondicionales —núcleo metafísico de la moral, más allá de éticas procedimentales para la justificación de normas, en donde la ética reconoce la herencia de la teología—, nada impedirá la deriva de la dinámica política hacia el mero juego de intereses según dé de sí la correlación de fuerza de cada caso.

3. Audacia para la verdad como virtud republicana

Hasta puede caber en el negocio un margen para políticas *bene-factoras* con criterios utilitaristas, pero estas no aguantan la presión de los intereses. El «negocio» queda muchas veces legitimado en diferentes formas de pacto —añadiendo justificaciones de *expertos*—, los cuales, sin embargo, no pueden camuflar su carácter en el fondo injustificable por cuanto su alcance deja fuera a otros, cuando no se opera incluso a su costa. ¿O no se sacrifican derechos humanos, que se predican universales, por intereses según la lógica del mercado?

La política moralmente orientada y lo diabólico del poder:
el contrapunto de Weber

Si abordamos la relación entre ética y política solo con estas apoyaturas brindadas por Lévinas y Horkheimer, para defender que hay *política moralmente orientada* si y solo si se sitúa efectivamente en respuesta a exigencias incondicionales de justicia, cualquiera podría decir que todo ello ha quedado ubicado en el terreno políticamente idealista que Weber llamó «ética de la convicción». Ese cualquiera, siguiendo a tan venerable padre de la sociología contemporánea, añadiría que cada cual es muy libre de asumir tal ética en su vida personal, pero que regirse por dicha ética estando en puestos de decisión en el ámbito de la cosa pública se convertiría en un desastre al mantener a toda costa la pureza de los principios, mas desentendiéndose de la *responsabilidad por las consecuencias* de las acciones según esos principios. Tal argumentador weberiano, que con frecuencia hace oír su voz ante la opinión pública, invocaría para la ética la «ética de la responsabilidad», realista del modo en que es interpretado las más de las veces su mentor burgués, es decir, con desprecio a importantes matices y acotaciones barajadas por el autor de «La política como vocación». Esto es, el hipotético seguidor de Weber, bordeando un cinismo del que este nunca hizo gala, invitaría a contemporizar con la realidad —suele ocurrir— con el argumento de no causar más desastres de los que ya hay. De camino, nuestro imaginado interlocutor haría alusiones a la descripción weberiana de la política como profesión, con más entusiasmo que el mismísimo Weber a la hora de justificar el «vivir *de* la política» en el que acaba el «vivir *para* la política», y sin los desesperados esfuerzos de su maestro para al final resolver la tensión entre «ética de la convicción» y «ética de la responsabilidad» como *tipos* de planteamiento moral que han de encontrar alguna forma de verse conjugados en la realidad, de forma que la acción se rija por una responsabilidad que no se desentienda del todo respecto a los principios.[49]

Ciertamente, las consideraciones recogidas de quien podría ser interlocutor más weberiano que Weber no echan por tierra las fundadas razones suministradas por Lévinas y Horkheimer acerca de lo que debe ser una política según un principio de justicia. No obstante, tampoco sería de recibo resolver la cuestión tan confiadamente, pues Weber sigue teniendo algo que decir que no ha de pasarse por alto, aunque se mantengan divergencias con su enfoque de la cuestión. En su imperecedero escrito sobre la vocación política, después de sus incisivos análisis sobre lo que de hecho ocurre en el ámbito político y sobre las dinámicas que en él se establecen, su autor nos convoca frente a lo que estima el punto clave sobre el que lo político se dilucida. Lo hace aludiendo a los primeros cristianos, con palabras de resonancias paulinas bien trabadas por luterano profeso:

> También los cristianos primitivos sabían muy exactamente que el mundo está regido por los demonios y que quien se mete en política, es decir, quien accede a utilizar como medios el poder y la violencia, ha sellado un pacto con el diablo, de tal modo que *ya* no es cierto que en su actividad lo bueno solo

[49] M. Weber, «La política como vocación», *op. cit.*, p. 177.

produzca el bien y lo malo el mal, sino que frecuentemente sucede lo contrario. [Y añade Weber:] Quien no vea esto es un niño, políticamente hablando —parafraseando al apóstol Pablo cuando se dirigía a los destinatarios de sus cartas diciéndoles que ya no eran niños, sino adultos en la fe.[50]

Es decir, es grave *pecado* de infantilismo político querer actuar conforme a las convicciones más depuradas ignorando el *carácter diabólico* del poder.

El mensaje ineludible de Weber es claro: ¡cuidado con el poder! El poder es políticamente tan insoslayable que del acceso a él y de su uso se trata; en consecuencia, la política es el ámbito por excelencia del poder, donde se juega todo lo relativo a su conquista, a su utilización, a su administración e incluso a su necesaria *domesticación* —máxime cuando incluso puede contaminarse de otros «poderes salvajes» al enfrentarlos—.[51] El valor de la democracia pasa por conseguir todo ello, hasta donde en verdad se logre, mediante la participación de todos en el proceso hacia tal objetivo como ciudadanía en ejercicio de su soberanía. No obstante, aun en democracia, que es el sistema que más y mejor permite convertir el poder político en poder-capacidad al servicio de todos, evitando que sea poder-dominio en beneficio de unos pocos, el poder no deja de tener *componentes diabólicos*, por lo que siempre supone de potencial de violencia, aunque sea ostentada en la forma jurídico-política de su monopolio legítimo —por la sujeción a la ley y el control político sobre ella.

Por consiguiente, siendo necesario el ejercicio del poder en política, nunca hay que olvidar su peligrosidad, pues por ese ineliminable potencial de violencia presenta siempre una

50   *Ibid.*, p. 169.
51   Cf. L. Ferrajoli, *Poderes salvajes. La crisis de la democracia constitucional*, Madrid, Trotta, 2013.

ambigüedad congénita que es la que hace de él una fuerza ambivalente: como poder-capacidad sirve para lo positivo y como poder-dominio está al servicio de lo negativo. Es más, como apuntaba Weber con extraordinaria perspicacia, puede dar lugar a efectos negativos desde su utilización con intenciones positivas, ya que no todo es controlable en la misma dinámica del poder —a la inversa del conocido dicho «Dios escribe recto con líneas torcidas», sucede no pocas veces que la política escribe torcido con líneas (que querían ser) rectas—. Eso tan fácilmente constatable, y que en definitiva tiene que ver con nuestra finitud, más esa labilidad de la que, como inclinación al mal, no está libre la política, es algo que se debe saber en el ejercicio del poder político, de forma que la misma participación democrática en virtud de la cual se comparte el poder está sujeta a todo el juego de contrapesos que supone el Estado de derecho. Y socialmente no deja de ser contrapeso indispensable una opinión pública que para salvar la *verdad moral* de la acción política ha de estar especialmente en guardia respecto a la *verdad de los hechos*, sobre todo cuando esta muestra cómo aquella se ve postergada o negada.

Así pues, desde la secularización de antiguas categorías y símbolos religioso-teológicos, al igual que permanece con inocultable relieve el fondo de trascendencia —no ha de suponerse que implica asunción de posición teísta alguna— que implica la exigencia moral que obliga políticamente al empeño por la justicia, también llama la atención el simbolismo de lo diabólico, como encarnación del mal, volcado hacia la negatividad enquistada en un poder político que no se desprende de su ambigüedad. Entre lo divino y lo diabólico queda, pues, la realidad humana del poder. A esta Weber hizo que la acompañara la idea mítica del «pacto con el diablo» apuntando que para hacer viable lo posible de alguna forma ha de *pactarse* con la misma realidad, entroncando con la conocida fórmula de *arte de lo posible* aplicada a la política, suponiendo no solo un saber prudencial al modo aristotélico, sino una negociación con la realidad, hasta para la deseada transformación de ella misma. Ahora bien, «pactar con el diablo» no es cualquier cosa: lo *diabólico* puede atrapar a uno sin remisión y ganarle la partida al menor descuido, máxime dada la naturaleza del poder y la capacidad de absorción de sus mecanismos.

Al hablar de pacto, bajo la sombra de Mefistófeles, siempre hay que afrontar la espinosa cuestión de a cambio de qué se pacta, qué es lo que se entrega. Una posición *maquiavélica* —no por fuerza *maquiavelana*, según solemos distinguir— entraña la claudicación de la moral, si es necesario, para «obtener y conservar» el poder: el pacto deriva a sumisión total a la «ley del más fuerte», quedando la política abocada a lo sumo a *técnica del poder*, prescindiendo de criterios y restricciones morales. Sin embargo, de Weber hay que decir que, aun situado en la estela del pensamiento burgués, no es esa su posición, ya que siempre mantiene una *reserva* de convicciones para la autolimitación *desde dentro* —no solo por la fuerza coactiva de la ley— en el ejercicio del poder. Para él, este no es algo que deba mantenerse a cualquier precio, como bien da a entender, de nuevo con paráfrasis evangélicas, diciendo que, si así fuera, llega el momento en que se pone en peligro «la salvación del alma». Cuando así se percibe es la hora de decir: «No puedo hacer otra cosa, aquí me detengo».[52] Son palabras que expresan conciencia del límite y a la vez de la propia dignidad. ¿Dónde ponemos *responsablemente* ese límite, no solo frente a las seductoras tentaciones del poder, sino también, por el otro extremo, en relación con ser consecuentes con convicciones que pueden tomar derivas dogmáticas y provocar actuaciones que *violenten* de tal manera lo que la realidad social y política da de sí que repercutan perjudicialmente sobre terceros? Tal es la cuestión alrededor de la cual Max Weber hace gravitar la madurez de quien responda a la vocación política.

---

52 M. Weber, «La política como vocación», *op. cit.*, p. 177.

En definitiva, las reflexiones que sugiere Weber en torno al pacto en política —«pacto con el diablo», pacto con la realidad...—, si contribuyen a su necesidad, también ponen en alerta respecto a las trampas que puede encerrar y, por tanto, los límites a tener en cuenta respecto a él. Lo *diabólico*, por lo demás, no acecha solo en los mecanismos institucionales del Estado por los que asoma el potencial de violencia que este conlleva, sino que, siguiendo a Foucault, también sale al paso en todas las relaciones por donde se despliegan dinámicas de poder y por las estructuras sociales a través de las cuales la *gubernamentalidad* se afirma en una sociedad. Y algo singularmente importante hoy en día: lo *diabólico* también se presenta en los medios de comunicación y con inusitada intensidad en las *redes sociales*. La *sociedad de la información y la comunicación* que se sirve de ellas está muy atravesada por el «espíritu de la mentira», que —recordemos— es el nombre con el que se llama al diablo en el cuarto evangelio.

Como quedó expuesto al tratar de la *posverdad*, esa fuerte presencia del «espíritu de la mentira» es la que hace inexcusable abordar lo *imprescindible* que es la verdad. Defender la verdad —las verdades— como indispensable para la democracia es tarea acuciante de la ciudadanía, que no se ve eximida de ella dejando que algunos, los llamados *intelectuales*, se ocupen de tal tarea, en el mejor de los casos, en el ámbito de la opinión pública. El compromiso con la verdad como virtud republicana, indispensable para una democracia viva, es vía de todo punto necesaria para que una política moralmente orientada se abra paso. Y de la misma manera que la política no es asunto que haya de dejarse solo para los políticos *profesionales*, la continuación de la acción política por dicha vía, conformando esa opinión pública que responde al ejercicio de una soberanía no mitificada, es cuestión que no hay que dejar solo en manos de los reconocidos como *intelectuales* —y menos cuando los cambios socioculturales y la crisis de lo político hacen que la otrora figura tan reconocida del intelectual esté llegando a su fin.

EL NECESARIO CORAJE PARA LA VERDAD. LA *FUNCIÓN INTELECTUAL* COMO INDISPENSABLE TAREA POLÍTICA

La convivencia democrática se ve dañada en la medida en que falta el compromiso con la verdad en el debate público. El efecto corrosivo de la mentira sobre las instituciones públicas puede llegar a ser letal: la deslegitimación que extiende sobre ellas, la desconfianza que siembre en quienes en ellas han de desempeñar funciones de representación, de gobierno o de aplicación de la ley, la cobertura que da a las distintas formas de corrupción obedeciendo ella misma a un comportamiento corrupto, la sospecha multidireccional que se instala en el seno de la ciudadanía…, todo ello redunda, en sentido contrario, en la necesidad de la verdad —sabiendo, eso sí, que no hay la Verdad sobre la que alguien tenga monopolio, sino verdades y estas de diferentes tipos, que hay que afrontar la dinámica de la *posverdad* en nuestra realidad social y que es imperioso batallar contra el cinismo tan extendido en nuestra cultura.

No basta, pues, con decir, aun parafraseando a Aristóteles con toda la razón, que la *verdad se dice de muchas maneras*, y pensar que solo es cuestión de ponerse a ello tranquilamente, pues en algunos casos la verdad cuesta cara, hasta el punto de que a veces puede costar la vida. Por ello, decir la verdad, sin la pretensión de que llegue a ser un «acto revolucionario», según el tan citado *dictum* de Orwell, es insoslayable «necesidad política», como lo afirma Gramsci en fórmulas que pueden considerarse antecesoras de la orwelliana.[53] La filosofía, con toda su carga crítica y aun con las dosis de escepticismo que en cada caso porte, no puede fallar a ese compromiso con la verdad, tampoco

[53] Cf. F. Fernández Buey, «Una reflexión sobre el dicho gramsciano "decir la verdad es revolucionario"», Associació d'estudis gramscians de Catalunya, 24 de julio de 2020, https://gramsci.cat/una-reflexion-sobre-el-dicho-gramsciano-decir-la-verdad-es-revolucionario/

cuando ella se hace presente de algún modo en el espacio público. Cabe decir que en tal caso se trata de *compromiso ciudadano de la filosofía*, lo cual, viéndolo por su reverso, nos da pie para hablar, dada la confluencia en un extremo utópico-normativo entre *vocación universal para la ciudadanía* y *vocación universal para la filosofía*, de *compromiso filosófico-político de la ciudadanía*. Decir la verdad social y políticamente relevante en el espacio público, en el ámbito de la opinión pública, es deber ciudadano —es veracidad como virtud republicana—, lo cual hay que afirmarlo como exigencia en la órbita de la justicia, aun a riesgo de ser objeto de sarcasmo por parte de cínicos y pragmatistas sin escrúpulos. Se trata de ganarles la partida a estos.

Es cierto que la ciudadanía cuenta con referentes a los que remitirse en lo que es esa forma de intervenir en el debate público, la cual no deja de ser acción política, indispensable en democracia, máxime si se pretende que la democracia despliegue el componente de *deliberación* que es uno de los rasgos propios de madurez democrática de una sociedad. No obstante, los cambios que se suceden en nuestra sociedad y cultura también afectan a la figura reconocida como intelectual que interviene en la esfera pública desde la tribuna de los medios. No faltan voces, y me sumo a ellas, que consideran tal figura algo periclitado, al menos tal como la hemos conocido. Es lo que lleva a autores como Shlomo Sand a escribir que «la condición de esa extraña criatura [el intelectual crítico] de democracia pluralista ha entrado en regresión».[54] Sin embargo, aun aceptando un diagnóstico que requiere muchos matices, lo cierto es que cabe considerar que el retroceso de esa figura, encarnada en ciertos personajes de relieve público, no significa que desaparezca lo que podemos llamar la *función intelectual*. Es más, no debe desaparecer, sino que, antes bien, ha de realizarse de otra manera,

54 S. Sand, *¿El fin del intelectual francés? De Zola a Houellebecq*, Madrid, Akal, 2017, p. 151.

siendo a ese respecto donde hay que contemplar dicha función como competencia de una ciudadanía crítica y activa. Diríase que a una realidad y visión elitista de los intelectuales ha de seguirle, cuando esa figura del intelectual llega a su fin —hecho que es inseparable del más general «declive del hombre público»—,[55] una efectiva democratización del pensar crítico y la capacidad propositiva en el ámbito de la opinión pública: es decir, la realidad de ciudadanas y ciudadanos que, con buenas razones, opinan en el espacio público.

La parresía como virtud ciudadana. Recepción de Foucault ante el declive del «intelectual»

Respecto a la misma filosofía, entendida como *sabiduría para la vida* y a la vez como crítica de una realidad en cuyo seno, dado el entramado de fuerzas que la atraviesan, la vida queda trabada, encontramos la propuesta de Michel Foucault en torno a una «sabiduría parresíaca» como singularmente pertinente para replantear el quehacer de una *ciudadanía que opina* haciendo de ello también parte de su acción política. Es por ello por lo que el filósofo francés retoma, con referencias a Demóstenes, Heráclito, Sócrates u otro el valor de ese «coraje de la verdad» para el «hablar franco» y el «decir veraz», sin escabullir nada y sin disimulo, con la necesaria implicación en lo que en primera persona se dice, lo cual, por la interacción que pone en juego, no deja de provocar el coraje también necesario para la respuesta, aun con interpelación incómoda, de quien sea el interlocutor:

La *parrhesía* [tal es la grafía en la traducción que ahora es citada literalmente] es el coraje de la verdad en quien habla y asume el riesgo de decir, a pesar de todo, toda la verdad que

---

55 Cf. R. Sennett, *El declive del hombre público*, Barcelona, Anagrama, 2011.

concibe, pero es también el coraje del interlocutor que acepta recibir cierta verdad ofensiva que escucha.[56]

Yendo más allá de toda profesionalización académica, esa concepción de la filosofía que propone Foucault —no deja de estar presente la referencia también a la *parresía* en sentido paulino como audacia de quien transmite insobornablemente un mensaje de «verdad», antes de caer atrapado por los intereses del «poder pastoral» de la Iglesia—,[57] devuelve a esta a lo que en nuestra contemporaneidad podemos entender como *función intelectual,* no agotada en la que han desempeñado quienes han sido públicamente reconocidos como intelectuales.

Reparemos, al hilo de como entiende Foucault la filosofía en clave de *parresía,* que la palabra «intelectual» tiene todavía su aura. Su uso, sin embargo, la ha llevado a un punto en el que puede resultar que tenga solo eso, algo de aura, pero nada más. Es decir, puede que se haya convertido, en gran medida, en un *significante vacío,* como esas palabras que justo por su vaciedad semántica desempeñan un papel determinado, de mucho rendimiento, en el discurso político en cuanto se prestan para ser portadoras de significados a conveniencia, como bien ha destacado al respecto Ernesto Laclau,[58] por ejemplo, o como han subrayado otros muchos, en la crítica de la cultura.

¿Habrá que conceder que al término «intelectual» quizá sea eso —tratarlo como *significante vacío*— lo mejor que le puede pasar? El caso es que muchas veces queda atrapado entre connotaciones tan antagónicas que apenas permiten defender su utilización apoyándose en la analogía entre sus diferentes significados, de tan equívocos como se presentan. Si la palabra sirve para

56   M. Foucault, *El coraje de la verdad. El gobierno de sí y de los otros II. Curso del Collège de France (1983-1984),* Madrid, Akal, 2014, p. 25.
57   J. Sauquillo, *Poder, saber y subjetivación,* Madrid, Alianza, 2017, pp. 465 ss.
58   E. Laclau, *La razón populista, op. cit.,* pp. 165 ss.

referirse, por ejemplo, a quien desde el mundo académico interviene en el debate público tratando de crear opinión y a la vez para denotar a quienes desde sus posiciones de *expertos* apuntalan públicamente las decisiones de quien ejerce el poder —incluso cabe añadir el solapamiento que en nuestros días se presenta entre quienes actúan como periodistas de opinión y los que todavía son tratados como intelectuales con influencia—, nos encontramos con una enorme dificultad para un uso suficientemente claro del concepto en nuestras prácticas discursivas. ¿Quiénes son los intelectuales? ¿Cuál son las características, supuestamente comunes a todos ellos, los rasgos definitorios de la función que desempeñan?

Si echamos una mirada «histórica» a quienes han sido considerados intelectuales, la realidad no nos da suficientes elementos de clarificación en torno a la figura del *intelectual* —repárese de camino en lo poco que se habla de *las* intelectuales—. No obstante, se puede aclarar la cuestión observando que la palabra en cuestión —viene bien recordar de la mano de Shlomo Sand que el primero que la usó como sustantivo para referirse a quienes con su pensamiento influyen en propuestas y acciones políticas fue Saint-Simon—[59] no se ha aplicado a cualesquiera estudiosos, eruditos, artistas o, en general, personas pertenecientes por razón de su profesión al llamado *mundo de la cultura*. La figura del intelectual, en cuanto se diferencia de los *letrados* al servicio del poder en las estructuras políticas y administrativas, que crecieron como grupo social en «la ciudad letrada» que acompañó con su burocracia al Estado moderno, incluso en su expansión colonial,[60] está vinculada al surgimiento de un espacio público, el cual gira en torno a lo político, pero que no se agota en las puras estructuras de poder y sus instituciones, sino que incluye un ámbito de debate generado desde la *sociedad*

59   S. Sand, *¿El fin del intelectual francés?*, *op. cit.*, p. 159.
60   Cf. A. Rama, *La ciudad letrada*, Santiago de Chile, Tajamar, 2004.

civil que constituye la esfera de la opinión pública. Esto es, la figura del intelectual apareció en la modernidad burguesa, de la mano de la configuración del Estado como entramado institucional de un poder desacralizado, en trance de democratización, a la vez que desde una sociedad secularizada capaz de dar de sí el pluralismo como valor. A la vez, atendiendo a lo expuesto, el intelectual, desbordando en buena parte de los casos una determinada adscripción partidaria, representa ese punto de vista que se pretende de validez universal, para lo cual no deja de remitirse, para situarse en medio de la dispersión y el conflicto de interpretaciones que el pluralismo conlleva, a un telón de fondo humanista, por más que quede vagamente delineado.

Las referencias históricas pronto convergen sobre determinadas personalidades que desempeñaron en su contexto tales funciones que contribuyeron decisivamente a perfilar los rasgos con los que después serían reconocidos los intelectuales. Puede decirse que Voltaire es, a ese respecto, un personaje clave, el cual abre un ciclo que, a la luz de ciertos criterios, puede decirse que a la postre se cierra con Sartre. Este, que sin duda fue referente como *intelectual comprometido* —expresión que se convirtió en usual para determinados intervinientes en la vida pública con el peso de sus opiniones—, aun cuando no en toda su trayectoria actuó como tal, marcó un estilo en su última etapa sobre todo, tras su *Crítica de la razón dialéctica* con su peculiar asunción del marxismo, caracterizado por la idea de que la práctica marca el camino a la teoría, como bien subraya Juan Manuel Aragüés en su comentario sobre el filósofo francés.[61]

La combinación de análisis social, reflexión sobre los acontecimientos políticos y crítica del poder pasa a ser seña de identidad de quienes en el periplo señalado son reconocidos como intelectuales. Es verdad que esa conjugación tampoco se ha dado

---

61 J.M. Aragüés, «Sacristán, lector de Sartre», en M. Sacristán, *Sobre Jean-Paul Sartre*, Zaragoza, Universidad de Zaragoza, 2021, p. 14.

igualmente en todos los países donde cuajaba la modernidad y se abría paso la democracia. Hay quienes insisten, por ello, en considerar la figura del intelectual especialmente arraigada en la cultura francesa, con Zola como hito destacado en ella. La obra de Alain Minc sobre *Una historia política de los intelectuales*[62] parte y se desarrolla desde esa premisa, la cual fácilmente puede tildarse de etnocéntrica, si no de chauvinista.

El historiador israelí Shlomo Sand, en su ya citada obra *¿El fin del intelectual francés?*, incluso atendiendo a una amplia panorámica sobre los intelectuales en diversas épocas y países, deja a las claras en el mismo título que el peso de esa figura de quienes no tienen poder, pero tienen influencia en virtud de la autoridad ganada en su campo profesional y proyectada a la esfera pública, ha sido especialmente notable en Francia, destacando el impulso al respecto a partir del «caso Dreyfus».[63] No obstante esa amplitud de miras, es cierto, por una parte, que dicha figura no se presenta con la misma pujanza en el ámbito anglosajón y, por otra, que la reverenciada figura del profesor universitario alemán no era proclive a bajar a la arena del debate político en la esfera pública. El antecedente de Marx y otros, batallando en la prensa de la época, quedaba lejos y muy marcado por el alineamiento político de sus posiciones críticas, las cuales les granjearon en muchos casos exilios o vetos para la carrera académica. Todo ello no quita que destacados pensadores, como Horkheimer con su *teoría crítica*, intentaran clarificar el papel del intelectual y llevarlo a la práctica desde la filosofía, o que destacados literatos, como Thomas Mann o Bertolt Brecht, introdujeran esa reflexión en sus obras.[64] El caso de Heidegger, con su compromiso con el

---

62   A. Minc, *Una historia política de los intelectuales*, Barcelona, Duomo, 2012.

63   S. Sand, *¿El fin del intelectual francés?*, *op. cit.*, pp. 49 ss.

64   A. Phelan, «Algunas teorías de Weimar sobre el intelectual», en *El dilema de Weimar. Los intelectuales en la República de Weimar*, Valencia, Alfons El Magnànim, 1990, pp. 21-66.

nazismo, es conocido ejemplo prototípico de cómo desde la filosofía se puede desbarrar al pretender incidir en el campo político —tras mucho escrito sobre el «caso Heidegger», un interesante balance en torno a él lo encontramos en Xolocotzi y otros con el título *La fragilidad de la política*.[65]

Si hacemos referencia a la realidad hispana, son conocidas las dificultades presentes en la realidad política —y cultural— de España para que la figura del intelectual se prodigara. Desde la escasa tradición democrática hasta el peso sociológico de una Iglesia nacional-católica, pasando por la debilidad de la Ilustración en España, son muchos los factores coaligados para que solo figuras muy señaladas emergieran y resistieran el paso del tiempo como intelectuales así reconocidos, destacando referencias indiscutibles como Unamuno u Ortega. Este último, concretamente, se volcó de lleno en llevar la filosofía a la plaza pública, manteniendo por su parte una notabilísima presencia en la prensa escrita. Eso no impidió que su idea del intelectual fuera la de un personaje que entra en el debate público, pero desde su soledad y distanciamiento respecto al fragor de la lucha política —fragor que, por otra parte, nuestro filósofo no eludió en los momentos del proceso constituyente de la II República española—, marcando distancia con el político como hombre de acción, visto en términos muy maquiavélicos como en su escrito «Mirabeau o el político», aunque luego sorprenda al pedir a ese mismo político una «nota de intelectualidad» —¡así como cierto residuo platónico!—.[66] Con todo, al cabo de los años, mediando guerra civil y ya con dictadura franquista en España, Ortega insiste en la «soledad radical» en la que ha de permanecer el intelectual para resistir toda tentación que lo lleve a una posición de «ser-

---

65   A. Xolocotzi, R. Gibuy y J.R. Santander (coords.), *La fragilidad de la política. Ensayos fenomenológicos y hermenéuticos*, Puebla, Aldus, 2015.
66   J. Ortega y Gasset, «Mirabeau o el político», en *Obras completas*, tomo IV, Madrid, Taurus, 2005, pp. 193-223.

vilismo» respecto al poder político —observación siempre oportuna—, pero abundando además —bien es cierto que de manera un tanto chocante con lo que es su propio papel— en que el intelectual es figura en trance de desaparición por crisis fuerte de él y de su contexto. Un contexto nihilista en el que la verdad apenas se abre paso es la situación social del intelectual, en medio de la cual solo queda poner las esperanzas en una «reforma radical de la inteligencia».[67]

Es en la resistencia democrática a la dictadura franquista donde la figura del intelectual, ubicado en la izquierda por su posición crítica respecto al *régimen franquista*, empezó a descollar de nuevo con figuras como José Luis L. Aranguren, Agustín García Calvo o Rafael Sánchez Ferlosio, por citar algunas que cabe apreciar como indiscutibles. Con la transición de la dictadura a la democracia, a medida que el espacio público se ensanchaba democráticamente, la presencia en los medios de comunicación, especialmente la prensa escrita, de personas reconocidas como intelectuales fue en aumento. No hace falta proceder en este momento a la elaboración de un listado de esa *intelectualidad* que desplegó su quehacer público en el recorrido de la entonces estrenada democracia hasta lo que actualmente es denominado por algunos como *régimen del 78*, entendiendo por tal el sistema —político y social— surgido a partir de la Constitución refrendada ese año por la ciudadanía española, pero sometido, sin merma de sus méritos democráticos, a un proceso de deterioro innegable con la erosión por los casos de corrupción, por la crisis de la representación política y por el agotamiento del modelo autonómico para la configuración territorial del Estado.

Cuando la situación política española y europea, más el contexto mundial de globalización, con los problemas planetarios que acarrea, demanda un *salto democrático* en una sociedad que

---

67   *Id.*, «Crisis del intelectual y crisis de la inteligencia», en *Obras completas,* tomo VI, Madrid, Taurus, 2006, pp. 4-5.

ha de poner al día sus estructuras y reglas, se replantea la tarea de los intelectuales al hilo de cierto relevo generacional. Dada la estrecha vinculación entre los intelectuales de la transición democrática y las estructuras de ella resultantes, hasta el punto de perder fuerza de impugnación para aparecer desarrollando tareas de apuntalamiento, ocurre como si, salvadas muchas distancias, se aplicara a la generación anterior de intelectuales aquella expresión del famoso título de Julien Benda, por más que su intención fuera otra, en 1927: *La traición de los intelectuales* —el título de la obra en francés es significativo *La trahison des clercs*, siendo el término eclesiástico muy indicativo de la posición de su autor, crítico con quienes, llevados por la pasión, abandonaban la neutralidad de la razón—. El relevo, desde esa perspectiva, se propugna por algo más que por el sucederse biológico de las generaciones, sobre lo cual el mismo Ortega tendría mucho que decir.

La alusión al libro de Benda, aunque haya buenas razones para marcar distancias con su *neutralismo,* da pie para reparar en el papel que desempeñan aquellos que son calificados como «intelectuales domesticados», cuyo desempeño, desde la sumisión al poder, queda reducido a ser justificadores del hacer de quienes lo ostentan. Tales intelectuales vienen a ejercer una especie de «sacerdocio político», contrapuesto a quienes optan por seguir llevando a cabo cierta función profética en el sentido de ejercicio de pensar crítico en la plaza pública.[68] No hace falta decir que en contextos de fuerte polarización política se les encarga a ellos, a los *intelectuales-sacerdotes* —«clérigos», según terminología de Benda—, neutralizar los argumentos de quienes puedan esgrimir argumentos críticos bien fundados.

Un caso distinto que requiere otro tipo de consideraciones es lo que Gramsci llamó «intelectual orgánico», entendiendo por

---

68   E. Fromm, «Profetas y sacerdotes», en *Sobre la desobediencia y otros ensayos,* Barcelona, Paidós, 1984, pp. 45-67.

tal el intelectual que acompaña al partido obrero de inspiración revolucionaria teniendo a la vista la necesidad de discurso político bien articulado para contribuir, sobre todo en contextos democráticos, a la conformación de un *bloque social y culturalmente hegemónico*, que es factor fundamental para lograr y consolidar una política efectivamente transformadora y emancipatoria.[69] Como resto de la visión vanguardista heredada de Lenin que Gramsci trataba de reformular, la idea de «intelectual orgánico» también se podía hacer extensiva al mismo partido comunista como productor de la crítica al sistema y de la teorización colectiva del cambio pretendido.

Con todo, y por más que Gramsci subrayaba, como se indicó, de ser fieles a las exigencias de verdad para el discurso político, la figura del «intelectual orgánico» quedaba muy expuesta a verse sometida a la burocracia del partido y a las consignas de su dirección —últimamente recicladas como *argumentarios*—, lo cual, desmontando las condiciones para un planteamiento crítico y capaz de ser universalizable para ser compartido por otros —también fuera del partido, como reclama la pretensión de hegemonía, pretensión que por otra parte también hay que relativizar en contextos de pluralismo político, sobre todo ante determinadas versiones de la *hegemonía* de marcado corte populista que no redundan precisamente en profundización en la democracia—,[70] pone a los intelectuales que sea en el trance difícil de elegir entre pensar con autonomía, si bien con lealtad al proyecto político en el que se insertan, y una fidelidad acrítica al *aparato* del partido. Sin necesidad de llegar a una situación de conflicto tan dilemático, es la incompatibilidad que así puede

69   J.L. Monereo, «La construcción de la hegemonía en Gramsci: la política como lucha por la hegemonía», en *Materialismo histórico, filosofía y política moderna*, Granada, Comares, 2017, pp. XX ss.

70   R. Castro Orellana, *Poshegemonía. El final de un paradigma de la filosofía política en América Latina*, Madrid, Biblioteca Nueva, 2015.

manifestarse lo que lleva a Habermas —obviamente alejado de la idea de «intelectual orgánico»— a sostener que lo que entendemos por tarea intelectual ha de diferenciarse claramente, y no solo en la teoría, sino en los hechos, del quehacer político en cargo público, posición que remite por su parte a la diferenciación entre «ejercer influencia» en el espacio deliberativo de la opinión pública y «tener poder político».[71] No vamos a negar que conjugar ambas cosas sea imposible, pero hay que reconocer que en efecto es difícil, y más a la vista de cómo funciona la *maquinaria* de los partidos políticos.

Es, por consiguiente, cuestión de la máxima importancia ver si la realidad permite que se mantenga la figura del intelectual como se ha dado en el pasado. Dicha figura tiene raíces en el marcado *intelectualismo* de nuestra tradición, hasta el punto de deberse en el fondo a la concepción platónica del filósofo en su relación con la política —la que Foucault, sin embargo, rescata desde otra lectura—, el cual si no es rey, debe al menos, desde su conocimiento de la verdad, iluminar al gobernante y guiar a los ciudadanos, tratando de llevarlos más allá del mero intercambio de opiniones.

Es decir, la figura del intelectual, aun haciendo un meritorio ejercicio de crítica, contaba con el plus de cierto *lugar privilegiado* que le era reconocido para emitir su juicio sobre la realidad misma. Diríamos, desde Kant, que tal función se justificaba como ejercicio público de la razón en un contexto de realidades democráticas insuficientes y de una sociedad aún muy verde en cuanto a *proceso de ilustración*. Pero en la medida en que una sociedad avanza hacia una democracia más madura y, entre otras cosas, alfabetizada y bien informada, puede dar de sí una ciudadanía más ilustrada, entonces empieza a perder su razón de ser ese intelectual que, con buenos motivos en su contexto, no dejaba de desempeñar su tarea desde una posición de privi-

71 J. Habermas, *Facticidad y validez, op. cit.*, p. 452.

legio (epistémico, al menos), haciendo valer su *capital simbólico* —Bourdieu *dixit*— y no librándose muchas veces de modos paternalistas, a la vez que no se quitaba de encima el efecto de una conciencia desclasada cuando no se dejaba de ser «la fracción dominada de la clase dominante».[72] Es necesario, por tanto, no tener una fijación tan fuerte al modelo descrito, y acogerse a una devoción más cultivada al estilo socrático, como quedó expuesto en el capítulo 2 sobre «Filosofía y política, verdad y justicia, en los "momentos fundacionales"», respecto a involucrarse en el debate de la *polis* sin descalificaciones del mundo de las opiniones —ámbito de la *doxa*—, ya que es a partir de ahí, en una especie de *mayéutica* democrática, desde donde los ciudadanos han de extraer sus verdades compartidas.[73]

¿Cómo resolver una cuestión como la expuesta al hilo de unos intelectuales que no cumplen su función como antes, y no ya solo porque pudiera darse cierta «traición» —dejémosla en integración conformista en lo que se denomina el *sistema*—, sino porque las condiciones mismas del ejercicio de la reflexión y crítica públicas del intelectual han cambiado? Todos tenemos presentes los cambios supuestos por la *revolución informacional*, por lo que implican internet, las redes sociales y esa nueva ágora con la que se amplía el espacio público en el «tercer entorno» del que habló, por ejemplo, el filósofo Javier Echeverría,[74] hoy especialmente densificada con las *redes sociales*. Las condiciones de *acceso*, la insoslayable horizontalidad impuesta en las comunicaciones —a pesar de los grupos de poder que siguen actuando en la globalización informática y telemática—, las nuevas formas de vivir el tiempo y el espacio, la alteración de los medios de

72   P. Bourdieu, *Intelectuales, política y poder*, Buenos Aires, Eudeba, 2012, pp. 35 ss.
73   Cf. C. Castoriadis, *Sobre* El político *de Platón, op. cit.*
74   Cf. J. Echeverría, *Los señores del aire: Telépolis y el tercer entorno*, Barcelona, Destino, 1993.

comunicación, los nuevos modos de producir conocimiento y de difundirlo socialmente en la *cultura digital*..., todo eso lleva a aplicar a los presuntos intelectuales aquello que afirmaba Habermas respecto a la filosofía tras la muerte de Hegel: pasó la época de los «grandes filósofos».[75] Pasó la época de los grandes intelectuales, de los cuales dice Shlomo Sand que «no han dejado herederos».[76]

Con lo anterior, sin embargo, no queda dicho todo: permanece la necesidad de seguir acometiendo las tareas de la *función intelectual* como función de la que una democracia no puede prescindir, como bien se encarga de recordar Axel Honneth al hablar de «la crítica de la sociedad en la era del intelectual normalizado».[77] Y es en relación con esta cuestión donde engarzan las aportaciones de Foucault al respecto, ofreciendo con su concepción del *coraje cívico* como virtud de corte republicano la posibilidad de esa mediación en la que aquí nos movemos entre un «concepto agonista del espacio público» y de la presencia en él, que es la perspectiva de Hannah Arendt, y «el modelo discursivo de espacio público», entendido sobre todo como ámbito democrático en el que deliberar en torno a normas, propio de Habermas.[78] Esas dos visiones distintas no son incompatibles desde el momento en que la misma deliberación democrática exige una participación que implica, desde el nivel de la motivación para ello, la necesaria *virtud ciudadana* sobre la que pone el acento una concepción republicana de la política.

75   J. Habermas, *Perfiles filosófico-políticos, op. cit.*, p. 23.

76   S. Sand, *¿El fin del intelectual francés?, op. cit.*, p. 158.

77   A. Honneth, *Patologías de la razón. Historia y actualidad de la teoría crítica*, Barcelona, Katz, 2009, pp. 195 ss.

78   S. Benhabib, *El Ser y el Otro en la ética contemporánea. Feminismo, comunitarismo y posmodernismo*, Barcelona, Gedisa, 2015, pp. 106 ss.

3. Audacia para la verdad como virtud republicana

Un «humanismo otro» como telón de fondo del decir la verdad

¿Dónde estriba lo nuevo que debe subrayarse respecto a la *función intelectual* y al común denominador de los mensajes que desde ella puedan emitirse? En una sociedad democrática madura todos los ciudadanos y ciudadanas tienen el derecho y el deber —dicho desde un punto de vista republicano— de intervenir en la formación de la opinión pública y de la voluntad colectiva. Si lo segundo es lo que ocurre por los cauces institucionalizados para una participación explícita y efectiva en lo que toca al *poder político*, con el ejercicio del voto como práctica especialmente relevante, lo primero tiene que ver con la participación ciudadana en lo que afecta al *poder comunicativo* de una sociedad de ciudadanos y ciudadanas —no solo usuarios, consumidores o clientes— libres e iguales. Eso no quiere decir que no se reconozca la *autoridad* de quienes con buenos argumentos intervienen, ya criticando, ya proponiendo, ya las dos cosas a la vez, en el debate público, por los medios de comunicación *tradicionales* o por otras vías más innovadoras. El caso es que nadie tiene un plus ontológico, ni un privilegiado lugar epistémico, ni una desigual posición política para erigirse en intelectuales *de oficio*, constituyendo además colectivamente un gremio de *mandarines*. A estas alturas no debe consentirse algo así como una *especie* aparte de intelectuales con *estatus* en algún aspecto superior. Como dice Jacques Rancière, se trata de «la afirmación de la igualdad», pues «la política supone la igualdad de los seres hablantes», posición que constantemente hay que volver a ganar desde la *parte (que el sistema deja) aparte.*[79] De ahí que la universal vocación política que como ciudadanas y ciudadanos tenemos y nos reconocemos en democracia exija un replanteamiento radical de la misma *función intelectual*. Precisamente a eso, y de

[79] J. Rancière, *El tiempo de la igualdad. Diálogos sobre política y estética,* Barcelona, Herder, 2011, pp. 104-105.

forma muy certera, apunta Mabel Moraña cuando, al hilo de la necesidad de afrontar los nuevos debates sobre la identidad de género que se dan en el movimiento feminista y en la sociedad en general, insiste en ofrecer una nueva relación entre teoría y praxis, entre academia y sociedad civil, siendo necesario para ello «explorar la función intelectual como mediadora no solo en los niveles de producción e interpretación del material simbólico, sino también en las formas más acotadas de la gestión y el activismo, la movilización y la enseñanza».[80]

El intelectual, es decir, la persona que desde su acreditada especialización en el ámbito académico o en el *mundo de la cultura* interviene en la conformación de la opinión pública, como resultante del intercambio de argumentos entretejiendo la opinión de todos en quehacer colectivo de autoesclarecimiento de la ciudadanía, pero llevando a tal tarea la fuerza de unas razones catapultadas al espacio público desde el buen hacer profesional, no deja de ser en todo momento *un ciudadano o ciudadana que opina*. A su solvencia se añade, por fuerza, su falibilidad, de forma que su autoridad no se sostendrá sobre otro poder que la fuerza de los argumentos.

En democracia, quien interviene en el debate público, no por ello ha de tener privilegio político alguno. En una «sociedad de ciudadanos», quien haga *uso público* de su razón, más allá de su saber profesional, ha de hacerlo —insiste Habermas— «sin pretensiones de un estatus elitista», pues «no pueden remitirse a ninguna otra legitimación que la de ejercer su papel de ciudadanos de un Estado democrático».[81] Y quien así interviene, poniendo su saber al servicio de la crítica y la propuesta tras una «opinión pública razonada», como escribe Habermas, ¿lo hace desde una posición más allá de toda ideología? No; pero sí desde

80   M. Moraña, *Crítica impura. Estudios de literatura y cultura latinoamericanas*, Madrid, Iberoamericana, 2004, p. 233.
81   J. Habermas, *¡Ay, Europa!*, Madrid, Trotta, 2009, p. 57.

una posición en la que no se debe trampear ideológicamente. Si, como dice el filósofo de la *democracia deliberativa*, los intelectuales —esto es, los ciudadanos que ejercen públicamente la *función intelectual* como función democrática abierta a todos— entran en debate con las armas que permite la libertad de expresión, pero «hay una que no deben permitirse: ser cínicos».[82]

Así debe ser si se quiere tener alguna fuerza y alguna dosis de reconocida autoridad frente a una cultura dominada por el capitalismo cínico en el que estamos inmersos. ¿Cómo lograrlo? Es aquí donde encontramos la pertinencia de la propuesta o incluso apuesta de Foucault: trayendo a la escena actual, frente a su cinismo, la actitud de los cínicos de la antigüedad, no vendidos a algo parecido a esa mentira organizada y consentida que hoy se denomina *posverdad*, sino comprometidos con la fuerza de la verdad que existencialmente hacen suya en su vida. Frente a la figura periclitada del intelectual, hoy engullida por la normalización que impone la actual gubernamentalidad, la función intelectual cuenta con la *parresía* como clave para activar a la vez la crítica de un orden que impone el sometimiento a las pautas con las que sostiene sus estructuras de dominio y la propuesta emancipatoria para la vida de los individuos, cuyo carácter mortal exige una existencia con *sentido* cuando su «duración» —homenaje de pasada a Bergson— no admite prórroga.

¿Consideramos la propuesta de filosofía *parresíaca* como propia de un nuevo humanismo? La pregunta es formulada cuando se habla de *poshumanismo* —resulta chocante, pero así es, encontrar en posiciones poshumanistas, con la contradicción en los términos que supone hablar de «subjetividad poshumana»,[83] un reconocimiento de lo que se debe al humanismo y que de alguna forma no ha de perderse,[84] siendo ese reconocimiento un

82   *Id.*, *Entre naturalismo y religión*, Barcelona, Paidós, 2006, p. 30.
83   R. Braidotti, *El conocimiento posthumano*, Barcelona, Gedisa, 2020, pp. 57, 151 ss.
84   *Id.*, *Lo posthumano*, Barcelona, Gedisa, 2015, pp. 25-70.

motivo para celebrar—, así como frente al *transhumanismo*, con mitificaciones contrarias al *ser humano*.[85] La cuestión del humanismo reaparece en medio de la nueva gubernamentalidad de escala global, al modo del paradójico nihilismo sostenido por Nietzsche transmutando todos los valores, o similar en su pretensión de nuevo pensar al «humanismo del otro hombre» de Lévinas.[86] A Foucault le preocuparía especialmente el quehacer concreto de una tarea filosófica en el sentido en que él quiso encauzarla en su última verdad: la tarea de un reflexionar y un decir guiados por el «coraje de la verdad». Con dicho coraje, con la audacia de un discurso insobornable a la hora de decir la verdad relativa a lo que tiene que ver con todo aquello en lo que se juega el *sentido* de la vida humana, puede y debe hacerse valer lo que Foucault presentó como su apuesta por una «vida otra»,[87] no atrapada por los dispositivos de la gubernamentalidad, no engañada por los falsos discursos y tampoco seducida por los cantos de sirena de *otra vida* que actualmente el *transhumanismo* pone en circulación como sofisticado producto de mercado para que lo compren humanos que se venden, en vez de «cuidar de sí» en libertad y por dignidad.

Desde Foucault, por tanto, cabe pensar, en consonancia con el anhelo de esa «vida otra», en la propuesta de un *humanismo otro*, humanismo de la dignidad humana, de los humanos que somos en nuestra existencia concreta, no de «Hombre» alguno con mayúsculas, enfermo de un engreimiento subjetivista que impide fructíferos procesos de subjetivación. El humanismo, como marco de pensamiento para exigencias imperativas y universalizables de dignidad, reaparece una y otra vez, reponiéndose tras las críticas, habida cuenta de que no es fácil encontrar un

---

85   J.A. Pérez Tapias, *Ser humano. Cuestión de dignidad en todas las culturas*, Madrid, Trotta, 2019, pp. 359 ss.

86   Cf. E. Lévinas, *Humanismo del otro hombre*, Madrid, Caparrós, 1993.

87   M. Foucault, *El coraje de la verdad, op. cit.*, pp. 319 ss.

marco capaz de ofrecer un *lugar* epistémico de encuentro adonde confluir desde posiciones plurales, tanto políticas e ideológicas, como religiosas y culturales. Ni la «muerte del Hombre» del primer Foucault, ni la *Carta sobre el humanismo* de Heidegger, ni el cuestionamiento desde el estructuralismo, lograron enterrar lo que el humanismo implica, a pesar de tantos intentos por disolverlo.[88] Parece que algo, al menos, de lo que hemos entendido por humanismo resiste en su mejor vector heredable. Por eso mismo, un autor como Félix Duque, en obra suya dedicada a pensar todo esto en relación con Heidegger, Gadamer y Sloterdijk, recogiendo el interrogante en su día dirigido por Jean Beaufret al primero —«*Comment redonner un sens au mot "Humanisme"?*»—, comentaba las dos implicaciones subrayadas al hilo de esa pregunta:

Una, que ese término tenía al principio su buen sentido, oscurecido hoy por los abusos y hasta crímenes cometidos en su nombre. Otra, que dicho término merece ser conservado, y que para ello habrá que buscar otro sentido —a la «altura de los tiempos»— que no deberá apartarse del primero: de lo contrario, el término se tornaría equívoco.[89]

A vueltas con esas dos implicaciones seguimos.

La propuesta de un *humanismo otro*, necesaria para sostener en común la defensa de la dignidad humana, desde el «cuidado de sí» para una *política con otros*,[90] es terreno fértil para construir de forma análoga planteamientos emancipadores, capaces de suministrar argumentos para la solidaridad, que de manera efectiva

88   J.M. Aragüés, *De la vanguardia al cyborg. Una mirada a la filosofía actual*, Zaragoza, Universidad de Zaragoza, 2020, pp. 68 ss.
89   F. Duque, *En torno al humanismo. Heidegger, Gadamer, Sloterdijk*, Madrid, Tecnos, 2002, p. 68.
90   M. Foucault, *El gobierno de sí y de los otros. Curso del Collège de France (1982-1983)*, Madrid, Akal, 2011.

dejan atrás enfoques lastrados de eurocentrismo, de patriarcalismo y de las concepciones egocéntricas de un sujeto pensado desde los anquilosados prejuicios que han sostenido el orden simbólico de un mundo que, a pesar de sus logros tecnológicos, se desarrolló lastrado por fuertes patologías civilizatorias. El humanismo necesario por mor de la compartida exigencia de dignidad —y como punto donde converger en sociedades pluralistas y un mundo necesitado de interculturalidad, en el que una replanteada «universalidad intensiva», relativa a la *humanidad* de la que todo ser humano es portador, y no meramente extensiva, pueda sostenerse desde prácticas comunes y en igualdad a partir de las diferencias—[91] es posible construirlo así desde un «paradigma otro» a la manera en que la crítica poscolonial y el pensamiento decolonial proponen políticas de reconocimiento,[92] no meramente desde otro paradigma más que se sume al listado de los existentes, sino desde un «paradigma otro» a partir de nuevas bases éticas, epistémicas y políticas.

91   E. Balibar, *Derecho de ciudad. Cultura y política en democracia*, Buenos Aires, Nueva Visión, 2004, p. 156.
92   B. de Sousa Santos y M.P. Meneses (eds.), *Epistemologías del Sur*, Madrid, Akal, 2014; E. Fornari, *Líneas de frontera. Filosofía y postcolonialismo*, Barcelona, Gedisa, 2017.

4. Verdad y sentido en nuestras sociedades pluralistas
Alcance y límites de nuestros acuerdos

La tripulación de nuestra frágil nave planetaria está llamada a entenderse —¿o habrá quien piense que nada hay en nuestra humanidad proclive a los *acuerdos* necesarios para hacer viable la supervivencia en la Tierra?—. Si el mutuo entendimiento es una necesidad, y la tragedia de nuestra condición no llega a implicar que sea imposible, en el interés de todos está que no sea buscado como *condena*, sino pretendido como *liberación*, habida cuenta de que nunca será total, que los consensos que se alcancen no van a eliminar las fuentes de conflicto, que todos nuestros *acuerdos* —incluidos los de cada uno consigo mismo—, lejos de la transparencia conllevan las zonas oscuras de sus inevitables sombras. Si desechamos la vía cegadora de la fuerza, para acogernos a la vía humana y *humanizadora* del diálogo —sin bajar la guardia, porque, a pesar de todo, hasta el lenguaje lleva su dosis de violencia, que habrá que mantener a raya hasta el mínimo posible—,[1] en la medida en que lo logremos, podremos movernos por los caminos propios de una racionalidad comunicativa a la búsqueda, sin complejos ni fatuas presunciones, de

---

1 R. Esposito, *Confines de lo político*, Madrid, Trotta, 1996, pp. 133 ss.

lo que podemos estimar como *verdadero*, así como *justo*, para articular nuestra común existencia en el marco de posibilidades que brinda nuestra realidad —la que somos y en la que estamos—. Esta se halla configurada según el entramado de las múltiples tensiones que la atraviesan, como campo inabarcable señalizado, no obstante, por las polaridades entre las que nos ubicamos: naturaleza y cultura, pasado y futuro, individuo y sociedad, inmanencia y trascendencia, identidad y diferencia, unidad y diversidad... Todas ellas marcan constitutivamente nuestra condición finita, y algunas sobresalen en el horizonte cultural de un determinado momento histórico, realzadas como signos de los tiempos, obligándonos a repensar lo que somos, lo que hacemos, lo que podemos y hasta lo que debemos hacer.

En un mundo fácticamente unificado, donde las tendencias centrífugas se hacen notar cada vez más con el empuje que les da su carácter reactivo, la mayor tensión entre unidad y diversidad de la propia especie humana que constituimos es problema candente de nuestra época. El pluralismo es dato insoslayable de nuestra realidad social, el cual adquiere uno de sus perfiles más acusados en la diversidad cultural, por unos lados amenazada, pero por otros realimentada, a veces con los excesos de particularismos exacerbados. Esta situación de nuestro mundo, acentuada también en nuestras sociedades, mucho más heterogéneas que en tiempos anteriores, hasta el punto de calificarlas de *multiculturales*, conduce a que nos tengamos que plantear más a fondo las posibilidades de *discursos universalistas con pretensiones de verdad*, partiendo de que ello nos es indispensable en y para los mencionados acuerdos necesarios, ya para sobrevivir, ya, más allá, para con-vivir en condiciones de dignidad.

En nuestra actualidad, la tan vieja como envenenada pregunta «¿qué es la verdad?» se nos ha puesto mucho más complicada que antes, cuando a los interrogantes en torno a la verdad dentro de la propia tradición se añade el cuestionamiento de esta misma como matriz de verdades universales. Porque —y ya se presenta ineludible la necesidad de afirmaciones comprometedoras para tratar de esclarecer el problema, que de camino clarifican la propia posición— a la noción de verdad, se entienda de una forma u otra, va unido el reconocimiento de la pretensión de universalidad. Todavía estamos esperando una postura consistente que haga suya con todas las consecuencias una noción particularista de verdad, es decir, que sostenga que basta para hablar con rigor de *verdad* decir «esto es verdad (solo) para nosotros» o, en el extremo, «esto es verdad (solo) para mí».

Plantear la cuestión de la verdad teniendo como referencia el pluralismo de la diversidad cultural supone preguntarse por el alcance de las pretensiones de nuestra racionalidad. La pretensión de verdad es sin duda una de ellas, y puede decirse que su papel es clave respecto de las otras, que no dejan de pensarse en referencia, al menos tácita, a ella —así, siguiendo lo que fueron los análisis de Habermas al respecto, las pretensiones de inteligibilidad o sentido, de corrección normativa y de veracidad—.[2] A estas alturas no hace falta insistir en la necesidad de pensar nuestra razón como *razón situada*,[3] que opera afectada por múltiples condicionamientos —ella misma ha de volver una y otra vez sobre ellos en la reflexividad crítica que históricamente ha ganado (hemos ganado)— y que nunca puede dejar de hacerlo desde un marco cultural determinado, siempre particular, que funciona en todo caso como «contexto de descubrimiento» de sus propios productos. La cuestión es si estos quedan irremisiblemente lastrados por los factores contextuales de la particularidad cultural o, por el contrario, los productos de la razón pueden aspirar a trascenderlos ampliando el «contexto de justificación». En el extremo ideal, se trataría del ensanchamiento de los límites de la intersubjetividad hasta la universalidad, estando claro que hablamos de una *razón comunicativa* que es siempre

2   J. Habermas, «Teorías de la verdad», *op. cit.*, pp. 121 ss.
3   *Id.*, *Pensamiento postmetafísico, op. cit.*, p. 180.

dialógica, incluso desde su ejercicio desde la individualidad pensante, que se traiciona a sí misma en cuanto se concibe en términos solipsistas.

Reducir la verdad al contexto inmediato en el que opera la razón que la tiene como una de sus pretensiones supone bloquear la pretensión misma de verdad y cercenar la racionalidad en la raíz de sus aspiraciones. De ahí que un contextualismo coherente consigo mismo hasta el final implique la renuncia a la noción de verdad y la reformulación del concepto de racionalidad desde un enfoque pragmatista —ejemplo de coherencia a ese respecto fue el que ofreció Richard Rorty—.[4] Lo que además ocurre en tal caso es que se cierran igualmente las posibilidades de un auténtico diálogo intercultural, por tanto, de alcanzar *acuerdos* genuinos entre personas y grupos de extracción cultural diferente, porque el ejercicio de la racionalidad se piensa circunscrito a la «conversación» que pueda mantenerse en un *nosotros* muy solidario hacia dentro, muy cohesionado en torno a la propia tradición —que con tal cerrazón acaba traicionada en manos del fundamentalismo—, pero que permanece ajeno respecto a los *otros* y a sus propias tradiciones.

Cuando se impone como programática la idea de que cada cual permanezca encerrado en su mundo —en el fondo se piensa que los diversos mundos culturales son inconmensurables en sus tradiciones y modos de pensar, haciéndose eco de las tesis del relativismo lingüístico en las que se reciclan las viejas justificaciones particularistas de cuño romántico—, lo más que se propone para las relaciones humanas en las *regiones fronterizas* es que el *nosotros* se vaya ampliando, esto es, que los *otros* se sumen a *nuestras* justificaciones internas —en el caso de la cultura occidental, y según Rorty, la *justificación pragmática*, es decir, el asentimiento a lo que funciona exitosamente en nuestro contexto

---

4   R. Rorty, *La filosofía en el espejo de la naturaleza, op. cit.*, pp. 337 ss.; *Consecuencias del pragmatismo*, Madrid, Tecnos, 1996, pp. 217 ss.

cultural, incluyendo las teorías que aportan su particular rendimiento, reemplaza a la verdad—.⁵ En tal tesitura, el crecimiento
del *nosotros* se plantea al precio de la *asimilación* de los otros. Es
lo que, ciertamente, cuadra con el etnocentrismo que explícitamente se asume, procurando despojarlo —tampoco siempre—
de componentes agresivos. Ingenuamente se postula que basta
proponer el trabajo de la razón culturalmente contextualizada
—atada al contexto de su ejercicio— como tarea de *persuasión*,
al igual de como se procede dentro de la propia matriz cultural,
desconociendo las fáciles perversiones de cualquier presunta
persuasión toda vez que las relaciones interhumanas están lejos
de ser simétricas.

El contextualismo pragmatista representa una civilizada
salida en falso a la problemática del diálogo intercultural que
reclama nuestro mundo, tan insoslayablemente plural como
tercamente conflictivo. No hace falta decir que esa salida, la de
un «pensamiento liberal burgués posmoderno»,⁶ es preferible,
aun con riesgo de que su «ironismo» acabe en cinismo, a otras
que conllevan amenazas de peor índole: es el caso de la salida que
representan las posiciones fundamentalistas (en clave religiosa
y/o política), tan extremas como incivilizadas en el intento de
hacer pasar a toda costa como universal lo que es tan particular
que necesita hasta de la violencia física para imponerse —pseudouniversalismo de terribles consecuencias, que evidencia hasta
dónde puede llegar una visión etnocéntrica que se alía con un
fuerte narcisismo colectivo para alimentar la asfixiante identidad
sin fisuras, represiva hacia dentro, de una colectividad perversa-
mente solidaria.⁷

Los fundamentalismos, siempre con marcado carácter iden-
titario, se explican —nunca se justifican— como forma de

---

5   *Id., Objetividad, relativismo y verdad*, Barcelona, Paidós, 1996, pp. 39 ss., 57 ss.
6   *Ibid.*, pp. 267 ss.
7   J. A. Pérez Tapias, *Ser humano, op. cit.*, pp. 126 ss.

reacción ante la cultura dominante —suele ser la occidental—,
avasalladora con su impositiva aculturación de los *otros*, reacción
que en nuestro tiempo se multiplica a causa del vértigo de la
universalización tecnoeconómica que ha unificado el planeta
en la época de la globalización, la cual ahonda a la vez el abismo
de incertidumbres que se abre entre la universalidad fáctica y las
comunidades tradicionales que, fragmentadas, ven peligrar su
identidad. Reactivos, los fundamentalismos son estrategias de-
fensivas, de carácter antiilustrado, que se retrotraen cargados de
contradicciones a una insostenible cultura mítica, esto es, a estas
alturas, de mitificaciones que tratan de contrarrestar la inhabi-
tabilidad de un *mundo desencantado*. Como la diversidad pluralista genera inseguridad, al relativismo que la alimenta desde el
«politeísmo axiológico» —diagnóstico weberiano sobre las secu-
larizadas y pluralistas sociedades modernas— se le quiere poner
freno con un absolutismo, tanto gnoseológico como moral,
cuya maximalista traducción política es la dictadura teocrática
o, desde el nacionalismo exacerbado, la *limpieza étnica*. Todo ello
tiene como apoyatura una noción férreamente dogmática de
verdad: la «Verdad», con mayúscula, la que era propia del mito,
pero que se trasplanta mal a la actualidad, mediando una mala
interpretación de lo mítico, buscando la fuente de una certeza
total.

Relativismo y absolutismo son los extremos de un falso dilema en el que no hay que dejarse atrapar. De forma análoga, el
contextualismo extremo y el fundamentalismo también suponen
salidas falsas que, en su oposición, tienen en común atrincherarse
en el etnocentrismo, con la consiguiente apología de la propia
particularidad, consciente y que quiere ser persuasivamente co-
medida en el primer caso, e inconsciente y represivamente vio-
lenta en el segundo. Por las dos vías, incompatibles en su antagonismo y complementarias en su vigencia sociocultural —el
nosotros pragmatista, occidentalista y democrático-liberal se contrapone (y viceversa) al *ellos* fundamentalista, antioccidentalista

y dictatorial, como ocurre en quienes del «choque de civilizaciones» hacen más que un diagnóstico—,[8] queda obstruido el
necesario y urgente diálogo intercultural.[9] Al diálogo intercultural
se puede acceder solo desde la dinámica de una *razón situada*,
consciente de sus posibilidades y también de sus límites, tan autocrítica como crítica y que, por tanto, conoce su alcance y sus
topes en cuanto a sus pretensiones de verdad, lo que quiere decir
que se mantiene vigilante y ajena a la desmesura de una verdad
absoluta —a veces camuflada bajo ropajes epistémicos diferentes
de los tradicionales—, con el riesgo, queriendo ser consecuentes por ahí, de ir a parar a un escepticismo incurable. Eso solo
responde a una lógica del *todo o nada* que es inservible para los
asuntos *humanos* —tenemos el caso similar, en el orden *práctico*,
de la libertad, tratada mal cuando según la misma lógica su problemática se lleva a la polarización de o voluntad totalmente libre
(libertad absoluta) o determinismo moral—. Y el diálogo intercultural, como el intracultural, es cosa nuestra, de humanos, que
debemos acometerlo desde nuestra finitud, que tanto entraña
una *libertad condicionada* como esa *razón situada*, consciente de
que su conocimiento verdadero nunca podrá desprenderse de la
sombra de la duda.

La *verdad*, con minúscula, esa en la que no reparó el Descartes que reforzó en la tradición del racionalismo occidental los
efectos de ciertos residuos míticos enquistados en ella y eficaz-
mente actuantes desde su condición de reprimidos, esa *verdad a
la medida del ser humano* es la que tanto encontramos como *condición* y como *objetivo* del diálogo interhumano, también en la
escala más compleja de las relaciones interculturales.

Si eliminamos de nuestro horizonte gnoseológico todo atisbo
de verdad absoluta, y prescindimos incluso de las bienintencio-

---

8   Cf. S.P. Huntington, *El choque de civilizaciones y la reconfiguración del orden
mundial*, Barcelona, Paidós, 1997.
9   J.A. Pérez Tapias, *Del bienestar a la justicia, op. cit.*, pp. 137 ss.

nadas, aunque desafortunadas expresiones acerca de algo así como una especie de «aproximación asintótica» a la verdad, como si esta estuviera ahí, por delante de nuestro conocer cual «moneda acuñada» —concepción en el punto de mira de la crítica de Hegel—,[10] esperando en algún trasmundo a que fuera alcanzada, para quedarnos en cambio con las humildes pretensiones de un *conocimiento verdadero* a la escala de nuestra finitud, es seguro que lograremos mejores respuestas a las cuestiones que se nos presentan brotando de las necesidades nuestras que hemos de satisfacer.

La dimensión *pragmática* de nuestros conocimientos se ve enriquecida cuanto más ajustadamente los situamos sobre las condiciones que los hacen posibles, suprimiendo al máximo las fuentes de error —los *idola* que rastreaba Bacon para abrir camino a un conocimiento verdadero capaz de mostrar con su rendimiento en el dominio de la naturaleza la eficacia de una teoría correcta asentada sobre un buen método—. Son nuestras mismas necesidades, creciendo en complejidad en cuanto se desarrolla nuestra propia realidad social, las que urgen a afrontar cada vez más críticamente nuestras *falsas ilusiones* —y en especial las que Kant denunciara como «ilusiones trascendentales», no solo erróneas, sino fatalmente conductoras de un conocimiento errado.[11]

Estamos necesitados de *conocimiento verdadero*, y cada vez más necesitados, lo cual no dice nada en contra del componente de gratuidad, más allá del inmediatismo de las necesidades perentorias, que hay en el asombro, en la curiosidad o en la misma perplejidad que nos impulsan a un saber no reducible a la utilidad; como tampoco dice nada a favor de que nuestros errores hayan sido necesarios, en lo que es un exceso de pragmatismo y de contextualismo que en el extremo nietzscheano condujo a

10 G. W. F. Hegel, *Fenomenología del espíritu, op. cit.*, p. 27.
11 I. Kant, *Crítica de la razón pura, op. cit.*, pp. 297 ss.

no ver en la (pretensión) de verdad nada más que el correlato invertido de un «error necesario» (por la fuerza de los hechos de una torcida *voluntad de poder*), cuyo producto no es más que la ilusión que tomamos como verdadera.[12] La *necesidad de verdad* es humana, como el errar en su búsqueda, siendo, ciertamente, determinados errores «demasiado humanos». Pero no es menos cierto que cae del lado de la dignidad del humano su capacidad para y su empeño por la verdad —con minúscula, que no se olvide—: más allá de la necesidad, la pretensión de verdad es *cuestión de dignidad*. Y eso mismo vuelve a subir el listón de nuestras complicaciones desde el momento en que la exigencia de reconocimiento para todos de su dignidad aparece como inseparable del problema de la verdad: pretensiones *universalistas* de un conocimiento verdadero que además no deja de tener una *dimensión práctica* que urge a lo importante, esto es, a la *con-vivencia,* ganada la *supervivencia,* en condiciones de dignidad.

POTENCIAL TRANSCULTURAL DE LA RAZÓN Y CRITERIOS PARA VERDADES UNIVERSALIZABLES

En virtud de la unificación fáctica de nuestro mundo hemos llegado a un punto en el que no tiene sentido plantear la convivencia, y menos la supervivencia futura, circunscribiéndonos a los estrechos márgenes de las sociedades desarrolladas, de los Estados nacionales, de nuestra supuestamente delimitada área cultural. Los procesos de globalización económica, de mundialización política, de planetarización informacional convierten en inviable cualquier intento limitado a un *nosotros* muy estrecho. El egoísmo insolidario se traduce a esos niveles en provincianismo suicida. Y eso quiere decir que resultan imprescindibles

12   Cf. F. Nietzsche, *Sobre verdad y mentira en sentido extramoral,* Madrid, Tecnos, 1994.

planteamientos universalistas capaces de afrontar, tanto crítica como normativamente, la compleja realidad en la que nos movemos, que es la que hemos configurado a resultas de una historia larga y conflictiva, desembocadura de las múltiples *historias* escritas desde las distintas sociedades y culturas humanas a lo largo de su decurso temporal, siempre entrelazadas, siempre ambiguas, y que hoy, cuando podemos hablar sin trampas metafísicas de *historia universal*, se muestra con una enorme ambivalencia: posibilidades incubadas como nunca, riesgos acumulados como en ningún otro momento. Aunque solo sea por eso, coquetear con la idea de *verdad*, lanzando a nuestro patio de vecinos la fácil alcahuetería de que es una idea acomodaticia, traicionera, parasitaria…, de la que sería mejor prescindir, puede resultar un juego frívolo que se pague caro.

Universalismo dialógico como alternativa a las distintas variantes de relativismo extremo

Si la crítica obliga a expulsar de nuestro discurso la «Verdad» con pretensiones de absoluto, y a resistir con vigilancia autocrítica a los mecanismos ideológicos en los que ella o sus residuos se cuelan para anudar explicaciones a medias y mitificaciones distorsionantes en la red encubridora de las justificaciones y autoengaños —¡ay, las racionalizaciones individuales y colectivas!, ¡ay, como atinaron aquellos viejos apasionados de la verdad, Marx y Freud!—, y si no la dejamos de acompañar por su imprescindible reverso del compromiso con *exigencias de verdad*, lo que de ninguna manera conlleva *a fortiori* la crítica es el relativismo extremo al que van a parar hermeneutas «hipercomprensivos», contextualistas radicales y escépticos timoratos. Crítica, pues, que ha de llevarse a cabo tanto sin el confortable respaldo de un punto de vista absoluto, como sin el cómodo instalarse en un relativismo descomprometido. Y hablar de *crítica* supone la doble vertiente de conocimiento con irrenunciables pretensiones de verdad, así como de juicio desde no menos irrenunciables pretensiones de corrección —vinculadas a la *dimensión práctica* de la verdad.

No es cuestión de ver en el relativismo un ogro que por todas partes nos persigue o de convertirlo en el chivo expiatorio de nuestros pecados intelectuales para, gracias a él, mantener a salvo nuestra quebradiza fe —lo que quedara de ella— en la unidad de la razón y la universalidad de sus pretensiones. Otra cosa es asumir el relativismo metodológico que es muy saludable practicar, y prolongarlo en su alcance hasta la *relativización* de nuestras ideas, concepciones, perspectivas, teorías y —del lado práctico— principios, normas y criterios morales, para poner todo ello *en relación* con el marco cultural y la tradición en la que se originan y se inscriben. Apreciándolos por consiguiente en esa adecuada perspectiva, lo que entraña un Rubicón que no debe traspasarse en el deslizamiento hacia el relativismo gnoseológico, y su correlato en el ámbito de la ética, es el relativismo que se extrema e implica la (autocontradictoria) crítica y renuncias totales a pretensiones de la razón que apunten más allá del entorno inmediato de su ejercicio. Dicho entorno se concibe normalmente circunscrito a una comunidad cultural y, por cuanto la lengua es definitoria de sus límites, a una comunidad lingüística.

Entre los que sostienen posiciones relativistas hay quienes lo hacen a la vez que defienden que no puede haber sino visiones etnocéntricas, dado que piensan que es imposible salir de la propia particularidad. Todo intento de universalismo resulta descalificado de raíz, como se pudo apreciar en la ya mencionada obra de Rorty. Una posición similar, aunque más matizada, porque se salvan algunas pretensiones universalistas —por ejemplo, las de la ciencia—, pero insistiendo a la vez en la justificación del etnocentrismo como algo que no solo se da de hecho, sino que en cierto modo *debe* darse en aras de la diversidad cultural, es la que encontramos en pronunciamientos sobre ello de Lévi-Strauss.[13] Pero además de esos casos, hay otras variantes del relativismo que también se nutren de materiales provenientes de la antropología cultural, pero que, al contrario de otras, se hacen fuertes en la crítica al etnocentrismo y, por tanto, a los excesos de una razón que ha permanecido ciega a los límites de la particularidad desde la que opera al proyectar abusivamente los rasgos de esta a la escala de la universalidad afirmada, cuando menos de manera precipitada.[14] Es decir, al lado de quienes, por mor de la particularidad, dicen que hay que ser relativistas, se sitúan aquellos que piensan que a causa de un etnocentrismo que resulta inextirpable no queda otra que un etnocentrismo que obliga a resignarse a la imposibilidad de todo universalismo.

La insostenible autarquía con que se piensa una razón autónoma que no repara en los condicionamientos que la afectan da lugar así, de la mano de la automitificación de la misma razón, a la perspectiva etnocéntricamente interesada que acaba trasladando su sesgo monológico a la justificación de prácticas imperialistas o comportamientos colonialistas. Se sitúa en la órbita de la universalización fáctica que pasa por encima del éticamente necesario *reconocimiento del otro*. Y como el relativismo que reacciona contra todo ello tiene a la vista los excesos alimentados por el etnocentrismo occidental, se explica el tono marcadamente antioccidentalista de los planteamientos relativistas. En ellos no solo se olvida que el etnocentrismo es un fenómeno universal —en cuanto postura desde la que en primera instancia se mira al mundo desde la particularidad de cada cultura—, el

13   C. Lévi-Strauss, «Raza e historia», en *Raza y cultura*, Madrid, Cátedra, 1993, pp. 47 ss.
14   R. Scartezzini, «Las razones de la universalidad y de la diferencia», en S. Giner y R. Scartezzini (eds.), *Universalidad y diferencia*, Madrid, Alianza, 1996; G. de Finis, «La filosofía y el espejo de la cultura. Relativismo y método antropológico en Wittgenstein», en S. Giner y R. Scartezzini (eds.), *Universalidad y diferencia, op. cit.*, pp. 187-207.

cual exige un considerable proceso de maduración colectiva para no verse del todo mediatizados por él; igualmente se pasa por alto que el mismo relativismo es producto típico de una cultura occidental que, dicho sea sin ocultar sus excesos y miserias, ha sido capaz de generar internamente la necesaria capacidad de autodistanciamiento crítico como para *relativizar* totalmente la propia cosmovisión. Si a eso se añade la autocontradicción performativa de un discurso *hiperrelativista* que afirma su validez universal, salta a la vista la inconsistencia de los planteamientos del relativismo (cultural, gnoseológico y moral) extremo, por más que sea necesario metodológicamente un relativismo moderado o que las mismas posiciones relativistas hayan servido para pensar los distorsionantes límites de nuestro etnocentrismo. Dicho eso, bien puede afirmarse respecto al relativismo lo que Kant sostuviera respecto al empirismo radical de Hume, precisamente por su incurable escepticismo de fondo: es un necesario «lugar de descanso» por el que hay que pasar, pero no un «lugar habitable».

Si a estas alturas puede resultar muy trillada la crítica al relativismo, lo que mueve a retomarla es el hecho mismo que supone el que no haya disminuido, antes bien lo contrario, la presencia de relativistas en el panorama intelectual de nuestro tiempo. A ello se suman otros motivos de mayor enjundia, como la necesidad de refutar el relativismo, no para caer en el *pseudouniversalismo* que por razones más que suficientes hay que criticar —recaída que Clifford Geertz percibía en los planteamientos antirrelativistas cuando por su parte se veía obligado a acometer la tarea retórica de proclamar la necesidad de una suerte de «anti-antirrelativismo»—,[15] sino para abrir paso, entre la particularidad y la universalidad, a un *nuevo universalismo*, un universalismo propuesto *desde abajo* y no impuesto *desde arriba* según las condiciones de una situación asimétrica y, por lo mismo,

---

15   C. Geertz, *Los usos de la diversidad*, Barcelona, Paidós, 1996, pp. 93 ss.

monológica. Ha de tratarse, pues, de un *universalismo transcultural*, ganado no por eliminación de las diferencias, sino *a través de* ellas, como *universalismo dialógico* que desde las particularidades que constituimos y que nos constituyen aspira a acceder, y en ciertos aspectos a modular normativamente, a la universalidad que igualmente entraña nuestra realidad humana en y desde la realidad del mundo que ella misma configura y en el que se enclava.

Este *universalismo dialógico* al que se apunta con la noción de «transculturalidad» supone, por tanto, la refutación del relativismo, tanto en su variante antietnocéntrica como aquel que se presenta aliado con el etnocentrismo en un alarde de superación de la ingenua propuesta de un particularismo no etnocéntrico, relativismo que acaba en cínica justificación pragmática de las concepciones y valores vigentes, por el mero hecho de serlo, en la comunidad de pertenencia. Hablar de *universalismo dialógico* supone, pues, la crítica al universalismo impositivo, monológico, imperialista, que tantos estragos ha ocasionado en la historia de la humanidad. Ejemplo paradigmático de ello es el universalismo predominante en la modernidad europea, no solo consonante con el colonialismo que es su reverso, y el racismo que siempre lo acompañó, sino que operó como gran maniobra de encubrimiento de estos. De ahí la respuesta contraria al universalismo de tantos planteamientos anticolonialistas, respuesta que sigue dándose en elaboraciones del pensamiento decolonial, así como en el pensamiento feminista, acuciado por la crítica al patriarcalismo que impregnó a la misma razón moderna.

Hay que hacer hincapié, con todo, en que también desde el anticolonialismo y en el seno del pensamiento decolonial se presentan propuestas en torno a la necesidad de un nuevo universalismo, distinto al padecido a manos del imperialismo occidental y sus concreciones capitalistas. Como subraya Achille Mbembe, si el colonialismo hizo efectivo un nefasto «proyecto de universalización», lo que nos urge ahora es el universalismo que pueda enmarcar una «política de lo humano» que sea una política de la semejanza —lo que somos y tenemos *en común*—, compartiendo las diferencias.[16] En sintonía con Mbembe y su idea de un «pensamiento-mundo», Marina Garcés no deja de propugnar, con buenos argumentos, un «universalismo no totalizador».[17] Por su parte, una filósofa como Judith Butler, aunque reticente al humanismo por la imagen de «hombre» marcada por el predominio masculino que históricamente ha tenido, no deja de presentar, al hilo de la crítica al sesgo racista del pensamiento europeo, palabras como estas:

> La exclusión de gente de ascendencia africana de la modernidad europea no es razón suficiente para rechazar la modernidad puesto que los términos de la modernidad pueden ser apropiados al servicio de una democracia inclusiva no-eurocéntrica.[18]

Cuando el colonialismo ha mutado a una «colonialidad global», la respuesta contra el neoimperialismo occidentalocéntrico no puede ser pretender fundamentalista y regresivamente un «afuera» del mundo globalizado, sino alentar una «nueva forma de universalidad» en términos de un «pluriversal transmoderno descolonial».[19] Naturalmente, un planteamiento y una práctica emancipadora y solidaria desde las periferias no puede compartir una posición relativista, pues las deja inermes para el análisis crítico y la praxis consecuente. Por ello, Boaventura de Sousa Santos,

16   A. Mbembe, *Crítica de la razón negra. Ensayo sobre el racismo contemporáneo*, Barcelona, Futuro Anterior/NED, 2016, pp. 162 ss., 276-277.
17   M. Garcés, «Distancias próximas. Libertad y universalidad en un mundo común», en M. Seguró y D. Innerarity (eds.), *¿Dónde vas Europa?*, Barcelona, Herder, 2017, p. 32.
18   J. Butler, *Deshacer el género*, Barcelona, Paidós, 2006, p. 349.
19   R. Grosfoguel, «La descolonización de la economía política y los estudios poscoloniales: transmodernidad, pensamiento descolonial y colonialidad global», en B. de Sousa Santos y M.P. Meneses (eds.), *Epistemologías del Sur (Perspectivas)*, Madrid, Akal, 2014, p. 401.

al abogar por las «epistemologías del Sur» va más allá de «relativizar el relativismo» cuando insiste en que es inaceptable «el relativismo cultural y político» —tanto como el universalismo imperialista—, no sin hacer hincapié en que «el éxito o el fracaso de la búsqueda de la verdad está siempre relacionado con la fuerza o la debilidad de un determinado compromiso ético».[20]

Pretensiones de verdad de una razón transcultural

Como es obvio, un universalismo de nuevo tipo como el señalado solo puede alumbrarse desde una razón que, a la vez que críticamente *situada*, sea capaz de sostener con argumentos sus pretensiones de universalidad —es decir, de operar de manera consistente y consecuente con lo que entienda como *universalizable*—, incluida la que tiene que ver con la verdad —las verdades, en plural—. Frente a los relativismos extremos, que rehúsan hablar de verdad, una concepción de la razón comprometida con la universalidad de sus pretensiones se replantea cómo hacerlas valer sin contradicciones en cuanto *razón transcultural*, apta para trascender la inmediatez del entorno de condiciones fácticas que inciden sobre ella y de hacerse cargo incluso de la tensión de *trascendencia* que la impulsa a la idealidad —inalcanzable desde la finitud— en cuanto a la satisfacción de las propias pretensiones, pero sin la vana ilusión de prescindir de la particularidad que implica la inmanencia desde la que opera. Ciertamente, un *momento de idealidad* forma parte de la misma realidad de la racionalidad humana, tensionando su propia *facticidad* hacia esa autotrascendencia que, sin embargo, nunca podrá consumarse del todo.

La *pretensión de verdad*, cuya consistencia implica que sea universalista —supuesta la distinción, que tantas veces es necesario recordar, entre *universalismo fáctico* y *universalidad a la que se*

---

20   B. de Sousa Santos, *El fin del imperio cognitivo, op. cit.*, p. 69.

aspira—, se inscribe en ese *espacio de mediación* entre facticidad e idealidad como polos constituyentes de la racionalidad —lo son de la realidad humana con todas sus dimensiones—. De ahí que bien se puede coincidir con Hilary Putnam en ver que la verdad puede considerarse desde el punto de vista de la *aceptabilidad racional idealizada*, sin que ello agote ni mucho menos la cuestión. La relación de mediación de esa idealización que la verdad supone, aunque sea provisional y revisable, con la facticidad de nuestros conocimientos nos permite hablar de «conocimiento verdadero» por cuanto los procesos y exigencias metódicas a través de los cuales los alcanzamos se hallan sujetos a las condiciones de verdad implícitas en la noción de *aceptabilidad racional*.[21] Esta no es reducible a la mera justificación contextualista de nuestras afirmaciones pretendidamente verdaderas y, por extensión, cuando de conocimiento científico se trata, de nuestras teorías. Tal reducción era la propugnada por Rorty, que la asociaba al rechazo de todo planteamiento, por matizado que fuera, de la verdad como correspondencia —rechazo que, en la medida en que se mantiene, imposibilita hablar de algo así como *la verdad de los hechos.*

Hay que matizar diciendo que Putnam, aun opuesto a planteamientos como los de Rorty, tampoco aceptaba la noción de verdad como *mera* correspondencia, concentrando su recusación en la correspondencia-similitud propia de las distintas variantes de lo que englobaba bajo el rótulo de «realismo metafísico», achacándole que siempre supone subrepticiamente el inocupable punto de vista *externo* —el punto de vista de (el ojo) de Dios, trasfondo teológico al que apuntan todos los críticos de tal enfoque gnoseológico, al que vinculan con metafísica insostenible—. Dicho punto de vista imposible es al que se recurre siempre para supuestamente certificar que se da la correspondencia entre nuestras ideas y la realidad extramental (en planteamientos gno-

21 H. Putnam, *Razón, verdad e historia*, Madrid, Tecnos, 1988, pp. 64-65.

seológicos prelingüísticos) o entre nuestros enunciados y los estados de cosas existentes en el mundo.[22] La falla radica en que eso ya se formula siempre desde nuestro mundo mental y desde el lenguaje mismo —es el *medio* en el que se mueve nuestro pensar—. No obstante, si Putnam rechazaba la correspondencia-similitud, incluida su extensión en cuanto a isomorfismo entre lenguaje y realidad externa, lo que en cambio sí mantiene como punto de apoyo de su «realismo interno» es que la verdad, en cuanto aceptabilidad que corre por los cauces lingüísticos en los que transita el pensamiento que aspira a conocer la *realidad* —una realidad que posibilita y excede lo conocido y el pensar mismo—, implica la *referencia* a ella lingüísticamente operante. En ella misma radica la viabilidad, función y sentido de la contrastación empírica siempre que sea posible y necesaria. Cabe pensar, además, que a partir de ahí se abre el campo para replantear la correspondencia como criterio de verdad en términos que ya no son los de la similitud, sino los que posibilita la índole *simbólica* de nuestros conceptos y, en general, el simbolismo que entraña el lenguaje.

El lenguaje y su simbolismo abren la puerta, apoyándose en nuestra realidad biológica, a nuestra condición de *animal cultural* desde la situación de *homo loquens*,[23] y permite, como *metainstitución cultural*,[24] configurar la realidad en la que estamos inmersos para reconstruirla una y otra vez culturalmente respondiendo a nuestras necesidades y a la medida de nuestras posibilidades. El despliegue de nuestra capacidad lingüística hace transitables los caminos del conocimiento que conducen a esa «bondad de ajuste» que nos faculta para hablar con fundamento (no de modo fundamentalista) de *conocimiento verdadero*. Dicha «bondad de

22   *Ibid.*, pp. 57 ss.
23   J.A. Pérez Tapias, *Ser humano, op. cit.*, pp. 67 ss.
24   K.-O. Apel, «La filosofía de las instituciones de A. Gehlen y la metainstitución del lenguaje», *La transformación de la filosofía,* tomo I, Madrid, Taurus, 1985, pp. 191-214.

ajuste» incluye una *correspondencia indirecta*, no isomórfica, sino *simbólicamente mediada*, entre nuestro lenguaje y el pensamiento que en él se despliega —no solo se expresa—, y la realidad —que tampoco se puede pensar solamente como realidad *externa*, dado que también la *interna* es objeto de la referencia lingüística—. Es palmario que todo ello se produce desde las posibilidades abiertas en cada comunidad cultural, en cada una de ellas según la reconfiguración simbólica a la que abre su propia lengua. Pero no es menos cierto que ninguna lengua se ha constituido en código intraducible, por lo mismo que ninguna cultura es isla inaccesible desde otras culturas o incontaminada desde ellas. La humanidad del biograma común es la misma que la del mestizaje cultural, porque nuestra Babel planetaria responde a las dificultades de una comunicación intercultural condicionada por los distintos derroteros que suponen las historias de sociedades humanas, pero no implica la imposibilidad de la traducción, la negación del entendimiento posible o el bloqueo total para lograr acuerdos, incluidos aquellos que puedan tener por objeto lo que coincidamos en considerar como verdad.

Nada, por tanto, de inconmensurabilidad de paradigmas culturales —fue nítida la postura de Putnam contra tal tesis—,[25] cuestión que algunos han tratado de defender apuntándose a una injustificable interpretación y consiguiente traslación de la conocida teoría de Kuhn sobre las revoluciones científicas y sus cambios de paradigma a las relaciones entre culturas.[26] Precisamente para reforzar la evidencia de que la traducción es posible, lo cual hay que decirlo a la vez que se desecha la idea insostenible de una mecánica traducción término a término —caso que no deja de ser análogo a la criticada correspondencia en términos isomórficos—, Putnam encontraba la sólida base que

25   H. Putnam, *Razón, verdad e historia, op. cit.*, pp. 118 ss.
26   J. Gray, *Enlightenment's Wake. Politics and Cultures at the Close of Modern Age*, Londres, Routledge, 1995, pp. 64 ss.

le brindaba el «segundo Wittgenstein» con su negación de la posibilidad de un lenguaje privado, pues los argumentos que valen para el yo del individuo en relación con la comunidad de hablantes *conforme a reglas* en la que por fuerza se halla inmerso se pueden extrapolar a la pretensión de un *nosotros* cerrado con una lengua aislada, aunque solo sea por los condicionantes que la realidad extralingüística suponen respecto de todas las lenguas en cuanto se *refieren* a ella, los cuales constriñen a la coincidencia en ciertas reglas básicas. Y si las lenguas, supuestos elementos y estructuras comunes de referencia, son traducibles, ¿con qué argumentos se puede descalificar la perspectiva de una *razón transcultural* o, mejor, la afirmación de la *transculturalidad* de una razón que, desde la diversidad de sus voces, se entiende como capaz para lograr *acuerdos* a través de los cuales realice —con toda la provisionalidad inherente a su finitud, es decir, de manera falible—[27] sus pretensiones universalistas de verdad?

La alusión a Wittgenstein y a su negación de la posibilidad de lenguajes privados nos da pie para enfatizar, una vez reconocida la mediación lingüística de la racionalidad, la insoslayable necesidad para ella de transitar, en todas sus formas de ejercicio, por los caminos de la *intersubjetividad dialógica*. Los patentes límites del lenguaje —no puede decirse todo— no son los límites de la realidad, ni siquiera de nuestra propia realidad, pues hasta la «realidad interna» de la personalidad de cada uno está lejos de poder abarcarse lingüísticamente, y aún más de expresarse con la «claridad y distinción» necesarias para que fuera *transparente*; pero los límites del lenguaje, que exceden a su vez con creces lo que puede ser objeto de conocimiento, sí son los límites de nuestro pensar —no, desde luego, de nuestro sentir, ante el cual fácilmente el lenguaje se queda corto—: no podemos pensar sin lenguaje; no traza los límites de la realidad, pero sí perimetra nuestro mundo —por más que sea ensanchable—.

27   J. Habermas, *Pensamiento postmetafísico, op. cit.*, p. 185.

De ahí el *dictum* wittgensteiniano del *Tractatus* (5.6), que en ese sentido es perfectamente asumible: «*Los límites de mi lenguaje* son los límites de mi mundo».[28]

Todos podemos saber que hasta las reflexiones más profundas y solitarias, vividas monológicamente, comparten el desdoblamiento del propio *yo* que hace posible el diálogo interno: «Converso con el hombre que siempre va conmigo / —quien habla solo espera hablar a Dios un día—» es expresión machadiana de ese presupuesto dialógico.[29] En dicho diálogo interior respetamos, por cierto, la sintaxis, le semántica y la pragmática de la lengua en que lo tengamos. Si la dialogicidad es así constitutivamente esencial al pensar, no lo puede ser menos en las formas más cualificadas y explícitas de ejercicio de la racionalidad. Desde la narración hasta el discurso argumentativo, pasando por todo el engranaje de la razón teórica para el conocimiento *objetivo* del mundo, el ejercicio de la racionalidad no deja de ser *acción comunicativa*.[30] Esta, siempre desde la subjetividad de cada cual, solo a través de la intersubjetividad alcanza condiciones para el logro de las pretensiones de la razón. En concreto: no hay verdad sin intersubjetividad, lo mismo puede afirmarse de la corrección, como respecto a la pretensión de sentido que las posibilita, e incluso respecto a la de veracidad, que si bien cae más del lado del sujeto en lo que le corresponde individualmente, implica necesariamente para su cumplimiento que sea reconocida por los *otros* interlocutores: recíproco reconocimiento de la alteridad necesario para todas las pretensiones de la razón.

La intersubjetividad como condición necesaria para la verdad, esto es, para un conocimiento verdadero, nos trae a primer plano el *consenso* como criterio de verdad. Ello se ve reforzado por la consideración del carácter universalista de la pretensión

---

28 L. Wittgenstein, *Tractatus Logico-Philosophicus*, Madrid, Alianza, 1973, p. 163.
29 A. Machado, *Poesía completa*, Barcelona, Planeta, 2001, p. 151.
30 J. Habermas, *Teoría de la acción comunicativa II*, Madrid, Taurus, 1987, pp. 562 ss.

de verdad: si es así, donde quiera que haya desacuerdo, que se impugne el *sensus communis* establecido, se cuestiona, por lo menos, que pueda hablarse totalmente de verdad; o se niega, más radicalmente que el consenso hasta entonces establecido implique verdad. Eso no quiere decir que todo *disenso* sea contrario a la verdad por principio. Desde los límites de nuestra finitud, en cuyo perímetro no cabe ningún consenso total ni definitivo, es preciso disentir siempre que sea necesario revisar los consensos fácticos alcanzados.[31] Por ese derrotero del desacuerdo aparece el *disenso* como «camino hacia la verdad», máxime si se encuentra movilizado por la aspiración a lograr un mejor y más amplio acuerdo o consenso. Si el disenso se enfrasca sobre sí mismo, como fin en sí del propio desacuerdo, incurre en autocontradicción performativa por cuanto el propio discurso, conllevando lingüísticamente el ser comunicativo, ya implica el presupuesto de la búsqueda del entenderse que entraña el hablar con sentido.

Sin consenso no se sostiene la verdad;
y el solo consenso no hace verdad

Desde las consideraciones expuestas puede decirse del consenso que es *lugar de la verdad*, lugar evidentemente metafórico que, sin embargo, recaba para sí la condición de *espacio de mediación* sobre el que se hacen converger los otros criterios de verdad en el marco del discurso dialógico en el que todos los intervinientes, reconociéndose mutuamente como interlocutores válidos, asumen desde la veracidad el compromiso de su empeño personal por una verdad compartida. Formulándolo con las expresiones cálidas de los poetas, bien podemos afirmar que la radical fidelidad a la «verdad sincera» —expresión de Fray Luis de León—

31   K.-O. Apel, *Teoría de la verdad y ética del discurso, op. cit.*, p. 69.

nos lleva a través de la *búsqueda del acuerdo* a esa verdad que, a tenor de la invitación de Antonio Machado en sus «Proverbios y cantares», deja atrás «mi verdad o tu verdad», para ser la verdad de todos.[32]

Encontramos, pues, que el *consenso* —así entendido, con sus matices diferenciadores, en las respectivas teorías de Apel y Habermas— presenta igualmente esa polaridad que tensiona el lenguaje y, desde él, toda la realidad humana: la existente entre facticidad e idealidad. El polo de la facticidad, alrededor del cual gravita el peso de los acuerdos que de hecho se dan, revisables siempre e impugnables cuando sean en algún sentido fraudulentos, no puede perderse de vista so pena de idealizar el consenso y hacer interpretar un papel ideológico a consensos mitificados con los que se opera en la realidad, especialmente en el campo político. El peligro del deslizamiento de las mismas teorías consensualistas de Apel y Habermas hacia ello ha sido señalado con frecuencia, a veces con posiciones críticas al respecto de filósofos próximos a ellos que ven en la idealización del consenso —de la mano de la idea de una «comunidad ideal de comunicación», por más que se diga que es contrafáctica— un resto metafísico que guarda en sí, bajo la capa de ideas regulativas, la añoranza del punto de vista de Dios—.[33] Con todo, advertido ese peligro no hay que dejar de señalar el vector ético-utópico puesto en juego con el ideal que *contrafácticamente* se «anticipa» en los acuerdos que de hecho se logran en una comunidad de hablantes. Estos presuponen que se verifican las condiciones que los hace posible, tendentes al máximo posible de su realización, por más que haya consciencia respecto a las limitaciones de la situación en que todo ello ocurre. Es por esas limitaciones en el orden de los fáctico que los humanos, cuando

32 A. Machado, *Poesía completa, op. cit.*, p. 304.
33 A. Wellmer, «La disputa por la verdad. Pragmatismo sin ideas regulativas», en *Líneas de fuga de la modernidad*, Buenos Aires, FCE, 2013, pp. 101 ss.

se dan «cortocircuitos» en la práctica comunicativa, han de pararse reflexivamente para recomponer los acuerdos en torno a qué sea *verdadero* (o *correcto*), ajustando su proceder según criterios de verdad. Y a ese respecto queda puesto de relieve el carácter *decisivo* del consenso como criterio, ya que no es uno más junto a otros, sino aquel con una función regulativa a la vez que selectiva: *regulativa* en cuanto a la meta en función de la cual se ponen a trabajar los otros criterios, y *selectiva* en cuanto a que a través suyo los interlocutores operan de consuno por medio de ellos para discernir sobre lo que estimen como verdad.

Considerado, pues, en sus funciones de *selección gnoseológica criteriológicamente orientada*, el consenso, frente a tanta crítica denigratoria como se ha formulado respecto a él —sin dejar de buscar consenso en la crítica quienes la han formulado, muchas veces sin que les falte su parte de razón—, se revaloriza como ese *lugar de la verdad* al que se traen los demás criterios: el de *correspondencia*, reformulado una vez superada la no defendible correspondencia-similitud; el de *coherencia*, asumido como indispensable para salvar, con el más riguroso respeto a las *lógicas*, pero sin logicismo, la consistencia de un conocimiento verdadero tejido desde el entramado de enunciados y teorías —estas cuando es en el campo de las ciencias— por fuerza interrelacionadas; y hasta un criterio de *evidencia*, recuperado en su valía desde la herencia fenomenológica, sin reducirlo, por tanto, a claridad y distinción de un intuicionismo incontrastable o a la ingenua inmediatez de un sensismo incontrolado.[34]

Cada uno de estos criterios es indispensable, pero ninguno de ellos por sí solo genera conocimiento verdadero. Precisamente buena parte de los problemas que han ido apareciendo de forma recurrente en las sucesivas *teorías de la verdad* han venido dados por la acentuación unilateral de alguno de ellos, incluido el del consenso, de forma que se han esgrimido como criterios exclu-

---

34   K.-O. Apel, *Teoría de la verdad y ética del discurso, op. cit.*, pp. 95, 112 ss.

yentes que, en cuanto tales, se absolutizan, pasando entonces por alto los límites de la misma razón que los utiliza en la persecución de sus pretensiones. Y resulta, por el contrario, que la verdad implica *correspondencia* —a través de la referencia que supone la mediación lingüística en que nos movemos, que permite hablar, por ejemplo, de la *correlación indirecta* entre enunciados y teorías, por una parte, y la realidad en cuanto realidad *objetiva*, por otra—; como implica *coherencia*, esto es, correcta estructuración lógica de enunciados o teorías —o proposiciones en el mismo lenguaje coloquial— a partir del respeto al principio de no contradicción, soporte imprescindible de nuestro hablar con sentido —sin la inteligibilidad del sentido no cabe verdad alguna—; como implica la *evidencia*, que es lo que permite el compromiso subjetivo con la verdad, previo a la misma veracidad como la actitud psicológica y moral adecuada, la cual evidencia no hace falta entenderla como fuente de certeza total, sino como soporte experiencial (incluido el de la experiencia sensible que entraña nuestra corporeidad) de nuestras certezas parciales y provisionales. Nada impide, antes bien lo contrario, tener en cuenta incluso el criterio *pragmatista* del éxito o rendimiento de una teoría como otro criterio de verdad, junto a los demás criterios, en nuestro trato con las cosas, igualmente sometido a la contención que impida erigirlo en determinante o exclusivo diciendo que «algo es verdad porque funciona». Y el *acuerdo* o *consenso* es el criterio decisivo, nunca definitivo, habida cuenta de que en él se juega en qué sentido y medida nos comprometemos intersubjetivamente con los otros criterios para *reconocer* lo que gracias a ellos podemos apreciar como verdadero.

Aparte de la situación de quienes atisban por primera vez una verdad que está llamada a ser compartida, aunque el proceso para ello sea largo y a veces doloroso, no puede hablarse en rigor de verdad monológica o unipersonal, por ser algo insostenible lógica, criteriológica, lingüística y psicológicamente, ya que no cabe una supuesta verdad solo para uno, o para un grupo cerrado.

El apuntado caso del descubrimiento y formulación de lo verdadero en cuanto protagonizado por individuos concretos no está reñido con el consenso como «lugar de la verdad», pues a este ha de traerse, sabiendo que el consenso por sí solo no fundamenta lo que sea verdadero. Nada alcanza el estatuto de verdad por el mero hecho de que muchos se hayan puesto de acuerdo para establecer que sea así. No es cuestión de número ni de mayoría, como suele malinterpretarse el consenso como criterio de verdad, incluyendo también a quienes no ven en él más que una trampa del escepticismo bajo un discreto manto relativista. Por el contrario, logramos un consenso válido sobre algo cuando encontramos *razones* compartidas suficientes para ello, es decir, cuando estamos de acuerdo en que por motivos de correspondencia posible, de coherencia consistente, de evidencias acumuladas —importante al respecto el papel de la verificación o contrastación empírica de hipótesis, cuando así proceda—, de rendimiento pragmático constatado, estamos en condiciones de acreditar determinada parcela de nuestro conocimiento como conocimiento verdadero. Es entonces cuando, desde la *objetividad que ganamos intersubjetivamente* al situarnos en condiciones gnoseológicas y epistemológicas adecuadas, para la cual las exigencias metodológicas y las posibilidades técnicas nos delinean el camino transitable según el campo de conocimiento del que se trate, podemos dar el paso hacia ver satisfechas pretensiones de verdad, las cuales no se agotan ni solo por el polo *cálido* de la veracidad, ni solo por el polo *frío* de la objetividad.

Veracidad y objetividad en la mediación argumentativa entre conocimiento y realidad

Veracidad por un lado y objetividad por otro son necesarias para que haya verdad, aunque no son suficientes. Y no lo son porque ambas constituyen sendos polos previos al darnos razones, por más que la argumentación necesite a su vez apoyarse en ellos. Esto es, supuestas veracidad y objetividad, es en la argumentación donde la verdad tiene sus vías de acceso, punto en el que han insistido las teorías discursivas.[35] Siendo así, un paso ineludible es distinguir entre un *concepto normativo de verdad* —nos da la pauta para la verdad que puede y debe buscarse cuando quedan en suspenso los acuerdos previos de nuestra vida cotidiana, que dejan de ser meras *creencias*— y una *concepción sociologista de la verdad* —a ella responde lo que tantas veces se toma como verdadero, sin más problematizaciones, en el seno de la colectividad en la que se vive.

Puede pensarse que precisamente lo que ocurre cuando una sociedad entra en la deriva de la *posverdad* es que la idea de verdad se devalúa hasta el punto de que una extrema concepción sociologista de ella, transida de relativismo a la hora misma de pretender supuestas (y falsas) «verdades alternativas», se sobrepone por completo a un concepto normativo de verdad, que queda del todo anulado.

No obstante, esa distinción entre lo normativo y lo sociológico permite descubrir elementos de interés en la concepción sociologista, los cuales no deben ser pasados por alto desde una perspectiva teórico-normativa. Uno de ellos es el que viene aportado por la constatación de que «normalidad de lo (aceptado socialmente como) verdadero» o la «verdad de la normalidad» se constituye socialmente por diversos mecanismos que confluyen y se solapan viniendo a parar en que sin condición compartida nada aparece como verdad. El extremo *patológico* de eso, que puede reaparecer en un consenso exaltado como criterio autónomo y exclusivo, es que la más falsa *ilusión* pasa por verdad a poco que sea compartida por muchos. Y otro rasgo es que lo que *funciona* de un modo u otro aceptado como verdad no solo configura lo que socialmente se entienda como realidad, sino

---

35   J. Habermas, «Teorías de la verdad», *op. cit.*, p. 120.

que justifica esa realidad como es. Tal cosa es lo destapado por la *crítica anti-ideológica*, desvelando, por ejemplo, los *intereses* operantes tras lo que se presenta como «pura verdad». Mas llevado a cabo ese desvelamiento de la trama de los autoengaños colectivos —las *racionalizaciones* a través de las cuales se despliegan las tentativas para fundamentar las ilusiones con falsos argumentos—,[36] lo que resta, hecha la crítica, es retener lo que a través suyo se descubre como conocimiento válido de nuestra realidad —«invertido» respecto del encubrimiento ideológico, como mostró Feuerbach rescatando «la antropología como secreto de la teología»— cuando ya no hay una situación de «falsa consciencia», tal la que permite desvelar el «fetichismo de la mercancía» y revelar «su secreto».[37]

Una concepción normativa de la verdad ha de recoger, por consiguiente, que el conocimiento que la pretende siempre se articula desde un determinado horizonte cultural y que la misma realidad que se quiere alcanzar en términos de conocimiento verdadero es una realidad en continua reconfiguración social; no hay *pura* realidad externa con la que tenga que corresponderse lo que resulte a partir de una inicial aprehensión *pura* de ella, y menos si se entiende desde los parámetros de un fisicalismo *duro*.

Conocimiento y realidad se hallan, pues, radicalmente mediados, y tan radicalmente que en la consciencia que alcancemos de ello se juega la que a su vez ganemos respecto al *carácter histórico* de la verdad —«lo verdadero tiene por naturaleza el abrirse paso al llegar su tiempo»—.[38] La verdad está tan mediada histórico-culturalmente como la realidad construida socialmente. Por ambos lados, la mediación excluye tanto la arbitrariedad voluntarista como la necesidad determinista. La *verdad mediada*

36 S. Freud, *El malestar en la cultura*, Madrid, Alianza, 1978, p. 87.
37 K. Marx, *El capital,* vol. I, México, FCE, 1975, pp. 36 ss.
38 G.W.F. Hegel, *Fenomenología del espíritu, op. cit.*, p. 47.

no puede eludir la referencia a la realidad, porque ella misma está ahí siempre *resistiendo*, a la vez que *posibilitando*: es la conexión entre verdad y realidad a la que remite la reserva falibilista con que hay que matizar la incondicionalidad que acompaña a la pretensión de verdad, implicando así a la vez la recusación de todo absolutismo.[39]

La reconfiguración constante de nuestra realidad, incluida la de la naturaleza que *humanizamos* desde el más elemental trato con ella, tiene, pues, límites análogos a aquellos con los que han de contar nuestros acuerdos tras la verdad. Y como son límites que muestran un más allá de lo humanamente cognoscible, como también de lo humanamente configurable —Kant lo tematizó en la categoría de *noumeno*—, son los límites también de lo que podemos consensuar, de nuestras verdades, allende las cuales quedan las sombras de lo ignoto. Y no solo de lo *todavía* desconocido, sino de lo que supera nuestra capacidad de conocer e incluso de pensar. Son las sombras, además, que no quedan fuera, como si lo estimado como verdadero permaneciera libre de toda «sombra de duda»; no, la duda contamina nuestras verdades, las acompaña, las fluidifica una y otra vez desde la opacidad de una transparencia negada en la misma medida en que es inalcanzable la captación total de la realidad.[40] Son las sombras del escepticismo que, como la propia de cada uno, no podemos eliminar; la otra cara de la pretensión de verdad de una razón *situada y autónoma*, pero *limitada*, con una dimensión trágica *inerradicable*, precisamente olvidada en los vanos empeños prometeicos de alcanzar «el punto de vista de Dios». No somos dioses, aunque tampoco eso nos condena, cuales Sísifos intelectuales o Teseos irredentos, a la desesperante impotencia de un escepticismo total. La autocontradicción que este acarrea vale al menos como

39   C. Lafont, «Verdad, saber y realidad», en J.A. Gimbernat (ed.), *La filosofía moral y política de Jürgen Habermas*, Madrid, Biblioteca Nueva, 1997, pp. 255-260.
40   E. Lévinas, *De otro modo que ser, op. cit.*, pp. 248 ss.

señal negativa de las posibilidades dialógicas y discursivas de nuestra *desencantada* racionalidad en cuanto a sus pretensiones de verdad.

Que la racionalidad, en virtud de su autocriticismo, haya entrado en la fase madura de su propia *desmitificación*, no tiene por qué significar el abandono de sus pretensiones, sino justamente lo contrario: el replantearlas críticamente desde una autoubicación mucho más lúcida en las coordenadas de la finitud. Si ello supone el reconocimiento de los propios límites, por eso mismo pone en juego la más cauta prevención contra toda absolutización. Dicha vigilancia autocrítica, cuyo campo de observación es el espacio abierto de los efectivos diálogos en condiciones de simetría —como exige la *comunidad de comunicación* de las teorías intersubjetivistas—, es condición negativa para mantener la pretensión de verdad con el alcance universalista planteado por la índole misma de nuestra racionalidad. Tanto la distorsión dogmática de cualquier presunta verdad —distorsión que vanamente intenta saltar por encima de la falibilidad de los productos y, cuando menos, formulaciones de una razón finita—, como la generalización abusiva de todo enfoque etnocentrista, quedarán enseguida descalificados desde una perspectiva crítico-hermenéutica que ya no tendrá necesidad de buscar las falsas apoyaturas de un escepticismo total o un relativismo extremo.

Verdades transfronterizas: diálogo intracultural e intercultural

Si atendemos a los hechos de nuestra realidad civilizatoria actual encontramos que, por lo que toca al alcance universalista de las pretensiones de verdad, sus bases fácticas se nos ofrecen con posibilidades de diálogo que hoy se perfilan a escala planetaria —desgraciadamente, también a la misma escala se dan posibilidades de reacciones identitarias de repliegue de comunidades sobre sí mismas, e incluso también con posiciones agresivas hacia fuera, sea por reacciones de defensa, sea por afanes de expansión, en cualquiera de esos casos azuzadas por tendencias fundamentalistas o estrategias integristas—. Hablamos de posibilidades por cuanto queda mucho por hacer a pesar de ciertos avances logrados en esa dirección, al menos en sensibilización social al respecto.

Como telón de fondo tenemos esa universalidad en la que nos movemos, con rasgos acentuados al hilo del proceso de globalización, que en todos sus niveles —económico, político, informacional...— sigue presentando acusados rasgos asimétricos, con mucho de colonización económica, de neoimperialismo político y de hegemonía cultural de Occidente —un Occidente muy eurocéntrico, que, por lo demás, hoy incluye sus expresiones norteamericanas: podemos hablar de *occidentalocentrismo*—. No obstante, es innegable que los procesos migratorios, el incremento del mestizaje, las relaciones económicas, los intercambios culturales y el desarrollo de la telemática en la *revolución informacional* que vivimos,[41] nos han llevado a esbozar nuevas vías de *diálogo intercultural*. Dichas vías, ciertamente, todavía están lejos de ser las de un diálogo más asentado en el reconocimiento recíproco —insistiendo en el *reconocimiento del otro* como interlocutor válido en igualdad de derechos—, atento a las exigencias que han de aceptarse en común para un mundo policéntrico y con una gran diversidad, reconocimiento que ha de ser receptivo respecto de los cuestionamientos provenientes de la *alteridad*, incluyendo aquellos que interpelan respecto a injusticias del pasado que convocan a un inexcusable ejercicio de memoria.[42]

---

41   Cf. J.A. Pérez Tapias, *Internautas y náufragos, op. cit.*
42   *Id.*, «¿Es posible el diálogo intercultural tras siglos de injusticia? Propuestas de interculturalidad democrática», en D.E. García y R. Alcalá (coords.), *Interculturalidad: valores y valoración*, México, UNAM/FES Acatlán, 2016, pp. 209-261.

Llegados a este punto procede hacer notar que la cuestión del *diálogo intercultural* no es radicalmente distinta de la del *intracultural*, máxime cuando nuestras sociedades son muy plurales, con una considerable fragmentación interna, a la que se añade en cada vez más casos la activa presencia de grupos de población de origen foráneo o étnicamente diferenciados, lo cual induce a hablar de *multiculturalidad* para los casos de un fuerte pluralismo cultural interno a una sociedad determinada, siendo la *interculturalidad* la propuesta que se perfila como adecuada a la diversidad cultural que determina ya nuestra convivencia social.[43] Desde ese contexto sociocultural se revaloriza aún más una idea de verdad vinculada al *consenso*, que incorpore, además del relativo al acuerdo, los demás criterios de verdad mencionados, y ello con un alcance que no se limite a una sola comunidad cultural, sino que llegue tan lejos como apunten los diálogos que tengan lugar. Así pues, los criterios pertinentes a la noción de verdad en clave consensualista son —*de iure*, pero con todo a su favor para que progresivamente *de facto* nos vayamos entendiendo mejor— de validez tan universalizable como la verdad a la que se aspira. Desde lo dicho no cabe sino afirmar la *transculturalidad de la razón* y de la *verdad* que se pueda lograr.

Que el conocimiento estimado como *verdadero* puede traspasar fronteras culturales, y de hecho lo hace, forma parte de las más antiguas experiencias de la humanidad, la cual, sin embargo, cobra tonos más acentuados desde los arranques de la modernidad hasta nuestros días, justo por la potencia cognitiva de una ciencia experimental puesta en marcha sobre los raíles de la objetividad —no sin los excesos del «imperialismo cognitivo», con lo que supone de postergación de saberes de otras culturas, pudiéndose hablar incluso de «epistemicidio».[44]

---

43   *Id.*, *Del bienestar a la justicia*, *op. cit.*, 137 ss.
44   Cf. B. de Sousa Santos, *El fin del imperio cognitivo*, *op. cit.*

Es cierto que el conocimiento científico-técnico, que en su génesis histórica tampoco se debe exclusivamente a «fuentes occidentales», pone en marcha un acceso intersubjetivo a la realidad que pasa por la reconfiguración *objetivante* de esa misma realidad, lo cual conlleva el empeño por neutralizar al máximo las posibles distorsiones *subjetivistas* que puedan enturbiar la objetividad pretendida. Ese proceso epistémico que contribuye a la objetividad —por vías de experimentación, simulación, análisis matemáticos, etc., y rigurosas elaboraciones teóricas desde ellas— supone una buena disposición para vencer resistencias culturales a lo nuevo y a lo distinto. Si a ello se suma la constatación palmaria del rendimiento pragmático en la aplicabilidad técnica, las dudas acerca de la mayor solvencia del conocimiento científico en cuanto verdadero con fundadas pretensiones de universalidad —por más que falible y, por ende, revisable— quedan confinadas a mentes estrechas de relativistas extremos, que en la actualidad encuentran aliados en los *negacionistas* de las más diversas raleas.

No son pocos los problemas de fondo que se dejan ver, a pesar de sus desaciertos, en los relativismos que hacen profesión de su particularismo cultural. En primer lugar, que ese traspaso de conocimientos de una cultura a otra, como es el caso desde las ciencias de una modernidad expandida, ha ocurrido con frecuencia asociado a un asimilacionismo aculturizante, exportando a las comunidades receptoras, cuando estas no han integrado adecuadamente ese conocimiento en su propia tradición, la *pérdida de sentido* que ha llevado consigo no el conocimiento científico *per se* sino el conocimiento científico absolutizado. O lo que es lo mismo, la *reducción de la verdad a objetividad*, pareja a la de la racionalidad a racionalidad científica, conforme a lo que ha sido dominante en el cientificismo que tanto ha impregnado nuestro desarrollo cultural, en su momento expresado y tematizado como *positivismo*.

Lo que escapa a la mirada miope de una razón unilateralmente desarrollada, dado su unívoco deslizarse por la vertiente estratégica e instrumental que la civilización científico-técnica ha demandado y potenciado,[45] es tanto lo que ella ha dejado atrás en su recorrido como lo que otros se ven inducidos a abandonar cuando llega a ellos, máxime si es de la mano de la expansión tecno-económica. Dicho en términos de *teoría de la verdad*: lo que escapa a esa racionalidad menguada, justo por la absolutización de una de sus dimensiones, una vez que ha recortado sus pretensiones de verdad a la objetividad manipulable experimentalmente es el mismo *sentido de la verdad*, así como, apuntando más allá de la objetividad a la que no es reducible la verdad, la *verdad del sentido*.[46] Que se puede recuperar y articular *transculturalmente* el *sentido de la verdad* es lo que se ha tratado de hacer en las páginas precedentes desde la dialogicidad de una teoría consensualista de la verdad. Pero esta misma implica la no restricción de los acuerdos posibles a la objetividad científica. Es tal no restricción la que apunta a la *verdad del sentido*, respecto a la cual también cabe plantearse su universalidad —a no ser que nos conformemos a considerar objeto de acuerdos transculturales solamente lo que toca al conocimiento en los campos epistémicos considerados académicamente como tales—. Para abordar la cuestión hace falta volcar la atención en la *dimensión práctica* de la verdad e indagar en ella para ir a lo más importante, una vez que el recorrido por la *verdad teórica* —y las alusiones a las verdades con las que nos movemos en la vida cotidiana— ha permitido ahondar en su índole tal como se presenta en enunciados y teorías que tratan de explicar fehacientemente la realidad constituida por los estados de cosas a los que se refieren.

45   M. Horkheimer, *Crítica de la razón instrumental*, Madrid, Trotta, 2002, pp. 45 ss.
46   J.A. Pérez Tapias, *Universidad y humana dignidad*, *op. cit.*, pp. 31 ss.

DEL *SENTIDO DE LA VERDAD* A LA *VERDAD DEL SENTIDO*. ARGUMENTO Y NARRACIÓN EN EL DIÁLOGO INTERCULTURAL

La verdad contra la mentira

Cabe decir que el empeño por la verdad nació contra la mentira; solo después comenzó a volcar sus esfuerzos en hacer frente al error. El compromiso con la verdad, ínsito a la racionalidad, tiene sus raíces motivacionales en la *veracidad*, y de ahí que su primera tarea se cifre en restaurar la pretensión de verdad que se ve radicalmente desviada por el engaño. Así se puede apreciar que ocurrió en la historia de la humanidad, como se corrobora desde el punto de vista histórico-cultural; así se puede ver que sucede también en la evolución de los individuos, capaces muchos antes de despertar ante la mentira que de detectar el error; e igualmente así lo puede confirmar la reflexión filosófica llevándonos al fondo ético hacia el que conduce la misma gnoseología ahondando en la cuestión de la verdad.

El problema del error, con toda su importancia por lo que afecta a las pretensiones de verdad del conocimiento teórico, no es, por tanto, lo último en ese terreno. Sabemos que la *razón teórica* se ve desecada si no la nutre la savia de la *razón práctica*, y no como algo que viene de fuera, sino como algo que procede desde dentro, pues no se trata sino de una y la misma razón, en la diversidad de sus funciones. Distinguiendo, pues, pero no trazando entre ellas una separación hasta el divorcio —riesgo del planteamiento kantiano que tan nítidamente consiguió lo primero—, lo que procede hacer desde el prisma de la verdad, una vez clarificado como *consenso* lo que se puede entender integradora y discursivamente como su *sentido*, es rastrear la «dimensión práctica» de la verdad que aflora ante el engaño y la mentira para, más allá del *sentido de la verdad* contrapuesta al error, abordar lo relativo a la *verdad del sentido*.

Esta cuestión así apuntada se puede recoger como herencia de la que tantas veces ha sido planteada con el rótulo de «verdad práctica», ubicada en el discurso ético. Es cierto que tal denominación, legada por la tradición filosófica, actualmente nos llega erosionada por críticas y malentendidos que hacen difícil su uso. Sin embargo, queda un vacío sin cubrir, o mal disimulado, cuando se abandona. La diferenciación de *esferas de valor* a la que ha dado lugar la cultura de la modernidad ha supuesto que se consolide la consideración de la *verdad* como valor central de la esfera teórica, mientras que ese lugar en la esfera práctica quedó para la *corrección normativa* —que cabe tomarla como englobante de lo bueno y lo justo—. Sin embargo, una y otra vez se hace presente la sospecha acerca de si no seguirá latiendo de alguna forma la noción de *verdad* tras la de *corrección*, máxime si se asiente a la afirmación de que la pretensión de verdad tiene cierto valor paradigmático respecto a las otras, por más que se trate de establecer delimitaciones nítidas entre esferas y las pretensiones respectivas que se hacen valer en cada una de ellas. Cabe establecer una analogía con las relaciones entre lo *bueno* y lo *justo*, categorías del campo práctico ya mencionadas, las cuales, diferenciadas, obligan a no mantenerlas divorciadas, estribando el asunto en cómo mantener entre ellas una adecuada *relación desde la diferencia*.

Si entre lo *bueno* y lo *justo* la diferencia no debe saltarse —nos situaría en enfoques éticos premodernos—, tampoco hay que ceder al olvido de que cuando nos ponemos a buscar acuerdos sobre lo *justo* inevitablemente lo hacemos tratando de converger desde nuestras respectivas concepciones de lo *bueno*, de las cuales ni personal ni colectivamente —culturalmente— podemos prescindir: representan los *máximos morales*, diferentes en muchos terrenos, desde los que nos disponemos para la convergencia en lo que acordemos como *mínimo* obligante para todos.[47] Pues

---

47   M. Walzer, *Moralidad en el ámbito local e internacional*, Madrid, Alianza, 1996, pp. 33-56.

algo parecido cabe sostener en el caso de *verdad* y *corrección*. A ello empuja el reparar en que tras una moral crítica y reflexiva encontramos, sin que haya que entenderla éticamente como naturalismo, una *antroponomía*, lo cual nos retrotrae de nuevo al problema de la verdad. ¿De qué verdad se trata?

Una precisión previa es que resulta necesario distinguir, por una parte, entre la verdad de la ética, como discurso teórico sobre el ámbito práctico, sobre nuestro comportamiento moral, y la verdad de la moral misma, la que da sentido a sus principios, normas y criterios. Debates como los suscitados por la noción rawlsiana de *consenso entrecruzado*,[48] o como los que giran en torno al *mínimo ético común* que plantean las éticas discursivas, remiten a la necesidad de elucidar el núcleo de verdad que haya tras el consenso normativo o los acuerdos prácticos que podamos alcanzar. La cuestión no se limita solo a si hay o no una verdad teórica que sea correlativa a lo correcto que sea objeto de consenso moral; eso es abordable si tenemos en cuenta, viendo las cosas desde otro enfoque, que el mismo conocimiento teórico y su peculiar *progreso epistemológico*, más aún en el caso de las llamadas «ciencia humanas», requiere, como bien subraya Apel, «un progreso en el acuerdo interhumano —e intercultural— acerca de las normas y los valores».[49]

La cuestión más honda es si este segundo acuerdo, de tipo práctico, conlleva una dimensión de verdad y, en tal caso, entraña a su vez alguna forma de progreso posible en cuanto a ella. Ese ahondamiento del problema es el que, por otra parte, también se produce desde el momento en que se profundiza en la índole de nuestra *acción*: ¿se puede hablar de la verdad que se logra en la acción, la que se *verifica* en ella, a diferencia de esa verdad teórica respecto a la cual reconocemos una verificación empírica, por más que siempre quede pendiente de mayor precisión

48   J. Rawls, *El liberalismo político, op. cit.*, pp. 165 ss.
49   K.-O. Apel, *Teoría de la verdad y ética del discurso, op. cit.*, p. 103.

y más matices lo que entendemos como tal, dadas las diversas maneras posibles de contrastación empírica?

Las respuestas a las preguntas formuladas quizá haya que buscarlas reconociendo que la *dimensión práctica* de la verdad, esa que es nutriente radical de ella en su *dimensión teórica* —recordemos la primacía concedida por Kant a la «razón práctica»—, conduce a que desplacemos la mirada a otro nivel de la problemática de la verdad, no agotado en la verdad de los enunciados y teorías, y que al fin y al cabo lo es también de la misma racionalidad, no limitada a «lo que puedo conocer». Lo así aludido es el *nivel del sentido*, sobre el que también cabe argumentar, siempre desde la convicción de que en ningún caso carece de sentido la pregunta por el *sentido* de la vida (en la doble perspectiva de la existencia individual y la trayectoria colectiva que llamamos historia).

La verdad como contrapuesta a la mentira —con lo que esta supone de quiebra de la confianza entre humanos, afectando así a los delicados hilos con los que el *sentido* se teje— nos lleva, pues, ante la cuestión de la *verdad del sentido* por la misma implicación de la cuestión del sentido en toda propuesta de normatividad moral. La misma pregunta de si puede salvarse la moral sin un sentido incondicionado, que atraviesa las discusiones éticas de nuestra tradición filosófica —después de todo, la cuestión expresada por Dostoievski en *Los hermanos Karamazov*, poniendo en boca de unos de sus personajes la célebre frase «si Dios no existe, todo está permitido»—, es la que saca a relucir la «dimensión práctica» de la verdad. Las pistas anticipadas vienen a señalar en una dirección: entre lo *correcto* y lo *verdadero*, desde la distinción, hay una relación profunda que la negatividad de la mentira pone de relieve. Es esa relación la que se ve reforzada desde que se comprueba la interpenetración de dos preguntas cruciales: *por qué ser moral* y *por qué el compromiso gnoseológico con la verdad*. La conjunción de ambas remite a la «cuestión del sentido», al porqué y para qué últimos que encierra la *antroponomía* que la moral pone en juego, la cual a su vez es reconocible en las pretensiones de verdad de nuestra racionalidad.[50]

Pensar y vivir la verdad del sentido. Confluencia ecuménica
en la práctica de la interculturalidad

Si hablar de la *verdad del sentido* supone otro nivel de la problemática de la verdad, que no suplanta al de la verdad del conocimiento objetivo de nuestra realidad, sino que lo desborda suponiéndolo, ese otro nivel nos traslada al terreno de *lo más importante,* de lo que *da sentido* a nuestra existencia. Y si el primer nivel se puede clarificar desde el *sentido de la verdad* como consenso que en cada caso puede conseguirse entre interlocutores diversos en torno a las cuestiones epistémicas que los ocupan, dicho sentido de verdad queda respaldado en último término desde la verdad que *da sentido* a aquella verdad *en aquel sentido.* Utilizamos, pues, «sentido» de dos maneras: como el significado con que tomamos la noción de verdad y como aquello que en último término hace significativa dicha noción al enmarcarla en un horizonte desde el cual afrontar el nihilismo de forma que preste apoyo frente a los relativismos y las posiciones de escepticismo generalizado.

Esa verdad que *da sentido,* trascendiendo el lenguaje conceptual-discursivo, ha sido expresada de diferentes formas en el lenguaje simbólico de las distintas tradiciones culturales, en especial a través de la simbólica transmitida en la herencia mítico-religiosa. Eso no quiere decir que lo que a través de ella haya sido evocado u ofrecido en los contenidos de mitos y rituales, no pueda ser objeto del discurso argumentativo, siempre que medie una *hermenéutica crítica* que tenga en cuenta las exigencias

50   J. A. Pérez Tapias, *Ser humano, op. cit.,* pp. 78 s., 219 ss.

de una adecuada *desmitologización*.[51] Dicha *desmitologización*, como desmitificación llevada a cabo correctamente, ha de ser capaz, como señaló Paul Ricœur, de hacerse cargo del «verdadero logos» del mito y dejando que «el símbolo dé que pensar».[52] Abordar desde la razón el legado de las tradiciones religiosas para hacerse cargo laicamente de su herencia de sentido, aplicando la ricœuriana «voluntad de escucha» también a cómo desde las convicciones de fe se ha planteado la razonabilidad de sus contenidos, no implica pretender amortizar todo lo que desde la experiencia religiosa se podía mantener como objeto de creencia.[53]

Dejando, pues, que *el símbolo nos dé que pensar*, la *verdad del sentido* de la que la razón discursiva debe hacerse cargo ha de quedar planteada —cabe decir, postulada— por detrás de su afirmación explícita en términos religiosos experienciales. Dicho eso, quizá se podrá coincidir en la posibilidad de un *sentido incondicionado*, sin necesidad de apelación teológica alguna, en el que reconozcamos filosóficamente tanto la instancia movilizadora para comportarnos moralmente, como el horizonte último al que apuntan —solo «apuntan»— nuestras pretensiones de verdad, sin que tal sentido lo podamos manejar discursivamente como un absoluto al que se tiene acceso. Este ha sido precisamente el exceso y el error que está en la base de las que son reconocibles como tendencias *fundamentalistas* de la metafísica, tanto de las explícitamente teístas como de las que reemplazaron el fundamento teísta por sucedáneos con los que cubrir el *hueco* de Dios. Es la crítica a tales estrategias filosóficas fallidas la que ha conducido, cuando con buenas razones se ha resistido a un planteamiento antimetafísico de corte positivista, a un *pensa-*

---

51 L. Duch, *Mito, interpretación y cultura, op. cit.*, pp. 202 ss.
52 P. Ricœur, *Finitud y culpabilidad*, Madrid, Taurus, 1982, pp. 316 ss., 490.
53 J.A. Pérez Tapias, «El "homo religiosus" y su búsqueda de razones», *Gazeta de Antropología* 37, 2021, http://www.gazeta-antropologia.es/?p=5528.

miento posmetafísico que acomete la reflexión sobre las preguntas metafísicas —no se pueden disolver, aunque no se resuelvan—, pero contando con que no cabe un discurso metafísico al modo anterior, pues la filosofía ha de ser radicalmente antifundamentalista. No obstante, además del pensamiento posmetafísico es de justicia contar con propuestas metafísicas de nuevo cuño, *pos-metafísicas* respecto de las metafísicas tradicionales y las dominantes en la modernidad, pero que en medio de la crisis de la metafísica, propia de la crisis de la modernidad, erigen un pensamiento metafísico que se ubica en un nuevo paradigma, como es el caso de la levinasiana *metafísica de la alteridad*.

Para avanzar hacia una nueva dirección metafísica que permita pensar la cuestión del sentido, hay que subrayar que a ese otro nivel del problema de la verdad en el que esta aparece vinculada a aquello en lo que quepa cifrar nuestra tarea moral de *humanización*, pertenecen las propuestas en las que se conecta la verdad a la libertad o a la justicia, o las afirmaciones relativas a lo que se puede entender como *verdad de la historia* o incluso como historia de una verdad que se manifiesta, o mejor dicho, como historia de esas verdades que se logran como fruto cultural de nuestras historias humanas. Todo eso es lo que no encuentra acoplamiento en teorías criteriológicas de la verdad, sencillamente porque no es ese el nivel de su adecuado tratamiento.

Ciertamente, con el pluralismo como hecho social —tanto más rotundo cuanto más secularizada se halla la sociedad y, por tanto, culturalmente más lejos de las mitologías que invocan una «Verdad Absoluta», con la consiguiente supuesta experiencia de certeza total— se corresponde la diversidad insoslayable de diferentes *planos de verdad*. Eso significa que se produce una fluida variedad de sentidos en los que se habla de *verdad*, desde las verdades triviales de enunciados cotidianos como «está lloviendo», pasando por las teorías científicas que se *verifican* —aun incluyendo procedimientos de falsación—, hasta esa otra verdad que se relaciona con la «realidad histórica» que se configura a través de la praxis humana.[54] Tal configuración se da desde las aportaciones de los individuos, pero también, desbordándolas, en la constante reconfiguración colectiva de una realidad culturalmente mediada que se despliega, en las sociedades complejas, por los vectores de la organización sistémica de la convivencia social y de la redefinición del plexo de significados que constituyen el telón de fondo del mundo de la vida desde el que siempre nos movemos.

A las diferentes propuestas de *sentido* que circulan a través de las tradiciones culturales de la humanidad también las acompañan, a su modo, pretensiones de verdad. En estos casos no es verificación o contrastación empírica lo que contribuye a sostenerlas, sino el *testimonio* de raíz experiencial de quienes asumen vitalmente el *sentido* del que se trate. Ese valor del testimoniar el *sentido* que se vive remite a las relaciones interhumanas, pues no se vive sino en el seno de ellas, inseparable de la relacionalidad, como desde la antropología pone de relieve Marc Augé,[55] remitiéndose a su vez a la obra de Jean-Luc Nancy, donde este llega a decir que «nosotros somos el sentido», pues este emerge de la red de relaciones en la que se manifiesta una inaprensible «voluntad de sentido» —en constante fuga, por otra parte, ante pretensiones metafísicas de apresarlo.[56]

Siendo así, el cauce primario de la expresión del *sentido* no es el de las argumentaciones, sino el de las narraciones, según lo exige la implicación existencial de quienes asumen una propuesta de *sentido* como verdadera. La cuestión es que tampoco hay que considerar las narraciones, con todo el material simbólico que traen consigo, como incompatibles con los argumentos.

---

54   I. Ellacuría, *Filosofía de la realidad histórica,* Madrid, Trotta, 1991, pp. 17 ss.

55   M. Augé, *Hacia una antropología de los mundos contemporáneos*, Barcelona, Gedisa, 1995, p. 84; J.A., Pérez Tapias, «Tras el sentido de la cultura con Marc Augé», *Anthropos*, 252, 2019, pp. 172-181.

56   J.-L. Nancy, *El olvido de la filosofía*, Madrid, Arena Libros, 2003, pp. 50 ss., 62 ss.

Aunque por su índole más allá de lo discursivo apuntan más lejos de lo que conceptualmente puede tratarse, la *razón discursiva* mantiene su legitimidad para cuestionar a la *razón narrativa* acerca de sus razones —«la razón de la esperanza» que, como dice el texto neotestamentario, ha de ser dada—; igualmente la tiene también sin merma para ejercer una función negativa respecto del establecimiento de límites a una narrativa desbocada irracionalmente hacia recaídas mitificantes, ya por excesos fideístas a partir del relato, ya de la mano de una discursividad pervertida —como puede ocurrir y ha ocurrido en el saber teológico administrado clericalmente con la pretensión de una indefendible unidad de todos en la verdad, *su* verdad teológica.

Al igual que la diferenciación entre narratividad y discurso no es óbice para relacionar esos dos modos de ejercer la racionalidad, la razón discursiva, desde esas funciones negativas de tipo crítico que debe cumplir, más la tarea de *comprensión* que no ha de faltar en la interpretación a la que las mismas *explicaciones* sobre el legado recibido han de dar paso, pueden abrir, por su eficacia desmitologizadora y antidogmática, vías para detectar los *puntos de confluencia* entre los productos narrativo-simbólicos de las distintas tradiciones culturales.[57] Obviamente, para hacer posible ese encuentro dialógico, por lo general entre confesiones religiosas que han vehiculado culturalmente las experiencias de sentido en las distintas culturas, los interlocutores que desde la razón crítica pueden aproximarse, para abrirse recíprocamente a la *hermenéutica de la escucha* en lo que se refiere a las aportaciones de sentido de tradiciones en cada caso diferentes de la propia, han de ser los situados en las corrientes más abiertas de las tradiciones respectivas, y no los que se ubican en los núcleos duros en los que se asienta la dogmatización y la reafirmación

---

57 J. A. Pérez Tapias, «Las culturas y su sentido. Interculturalidad y metafísica», en R. Alcalá Campos (coord.), *Los caminos de la interculturalidad. Homenaje a Luis Villoro*, México, Porrúa/Tecnológico de Monterrey, 2015, pp. 141-169.

etnocéntrica que suele encontrarse en determinados sectores de todas ellas. Por ahí pueden hallarse vías efectivas de diálogo intercultural, en lo que podemos entender como caminos de *aproximación ecuménica a un denominador común de las experiencias religiosas* o experiencias de ultimidad, las cuales se han modulado en cada cultura de manera idiosincrásica.[58]

De manera análoga a como hablamos de *núcleo ético común* en el que podemos y debemos converger con argumentos susceptibles de ser compartidos por todos en la órbita de una racionalidad dialógica, también puede hablarse de un *núcleo religioso común* como punto de confluencia de propuestas de *sentido* con pretensiones de verdad asentadas en modos de atestación. Y al igual que el mínimo ético no supone que en la vida de los individuos y las comunidades se abandonen las respectivas morales de máximos, sino que se reconoce el mínimo obligante para todos desde aquellas, en lo que se refiere al núcleo ecuménico vale algo similar: no se trata de plantear renuncia alguna a las tradiciones particulares, sino de acceder a ese lugar de encuentro intercultural e interreligioso desde las propias, y no, por tanto, yendo a parar a algo así como una inexistente «religión de la humanidad». El caso es que, así como el mínimo ético puede operar en clave de justicia como instancia crítica en relación con los diferentes planteamientos morales de máximos en términos de lo creído como bueno —actuando desde fuera y sobre todo desde dentro de ellos—, así también el núcleo ecuménico se puede hacer trabajar desde la razón como instancia crítica respecto a los aspectos sectarios de las diversas tradiciones religiosas.

Encontramos, por tanto, que normativamente no cabe instalación definitiva en una supuesta verdad unitaria acerca del

---

58 *Id.*, «Hermenéutica de las tradiciones y diálogo entre culturas. Aportaciones desde Gadamer», en J.J. Acero, J.A. Nicolás, J.A. Pérez Tapias, L. Sáez y J. Zúñiga (eds.), *El legado de Gadamer*, Granada, Universidad de Granada, 2004, pp. 497-518.

sentido, la cual siempre sería precipitada, ilegítima y de sesgo autoritario, igualmente en el campo ético-político, donde los estragos de quienes se sienten poseedores de la verdad definitiva —y con poder para imponerla—, acompañando a su concepción «ortodoxa» de lo correcto han quedado a la vista en los sistemas totalitarios y en las regímenes bajo fuerzas fundamentalistas cuando se hallan tales pretensiones explícitamente vinculadas a lo religioso —ocurre no solo en el mundo islámico—. Desechada esa nefasta salida en falso, lo que queda es el amplio espacio para el encuentro intercultural en y desde las respectivas propuestas de *sentido* con las pretensiones de verdad que conllevan, las cuales, renunciando por cada parte a indefendibles formas de absolutismo en cuanto a posesión de la verdad y de universalismo impositivo, pueden hacerse confluir allende las narraciones particulares gracias, también, a la capacidad de promover diálogos universalizantes por parte de la razón discursiva.[59]

Cuando el diálogo intercultural se pone en marcha, y es cosa que efectivamente ocurre en nuestro mundo, aunque sea menos de lo deseable y de lo necesario, se puede comprobar una vez más lo insostenible de la tesis falaz de la inconmensurabilidad de las aportaciones de culturas diferentes, como si no fuera posible barajar ciertos patrones comunes a ellas o tender puentes entre sus respectivos legados. Si es posible la traducción, nada indica que sea imposible el entendimiento, incluso el ir alcanzando acuerdos en cuestiones importantes, con pretensiones de universalidad que críticamente se hacen explícitas, sin que ello suponga la renuncia a la diferencia que particulariza, sino todo lo contrario: su asunción de una manera más *humanizante*.

El diálogo intercultural, supuesto que el intracultural es viable y efectivo —no significa que por ello sea siempre fácil—,

---

59   J. Habermas, «Israel o Atenas o ¿a quién pertenece la razón anamnética: Johann Baptist Metz y la unidad en la diversidad multicultural», en *Fragmentos filosófico-teológicos*, Madrid, Trotta, 1999, pp. 89-100.

lo percibimos, por tanto, como camino sobre el que se produce la *convergencia parcial* —versión ecuménica del «consenso entrecruzado» rawlsiano— entre las propuestas de *sentido* con aspiraciones en cuanto a la verdad acerca de la realidad histórica del ser humano y su mundo. El progresivo entendimiento en esa zona de encuentro también tiene límites irrebasables que, en definitiva, nos remiten a la finitud humana, como bien se acusa en esa razón que, tanto en su vertiente discursiva como en la narrativa, siempre será *razón situada*, ubicada en la ineludible trama concreta de sus condiciones socioculturales y sus circunstancias históricas. Pero no es cuestión de ver esos límites solo en su aspecto negativo, sino que pueden apreciarse en lo positivo a lo que convocan.

De manera similar a lo que se presenta en las relaciones interpersonales, abiertas a la maduración dialógica desde el reconocimiento del otro como persona con la misma dignidad que yo y que además posibilita la construcción de la propia identidad en el espejo de la alteridad, así, en las relaciones interculturales también es la dinámica del reconocimiento de la alteridad, con lo que exige de respeto a su diferente modo de realizar la *humanidad* que tenemos en común, la que abre paso a la práctica dialógica en la que los humanos podemos ir comunicando nuestras verdades en cuanto al *sentido* de nuestra existencia. A través de dicha praxis reciben consistencia de realidad esas verdades, reconociéndolas como tales siempre en el encuentro racional-discursivo que renuncia a lo que sería el exceso de sacar de míticas constelaciones narrativas afirmaciones escatologistas de unidad de la verdad, consonantes en su propia lógica con lo que en ellas aparece como realización plena de sentido.[60]

Dado que la *verdad del sentido* lo que pone de relieve es lo incondicionado a lo que, aun quedándose por detrás, siempre

---

60 P. Ricoeur, «Verdad y mentira», en *Historia y verdad*, Buenos Aires, FCE, 2015, pp. 212 ss.

apuntan las pretensiones de verdad, *el reconocimiento de la alteridad como condición para la verdad*, hacia dentro y hacia fuera de la propia comunidad cultural, lo que hace es obligar a resituar esa *tendencia a lo incondicionado* orientándola hacia una nueva ubicación de lo que pueda vivenciarse como lo *sagrado* —en la finitud de la humanidad de cada persona—,[61] lo cual, en el fondo, es lo que focaliza todas las cuestiones relativas al *sentido*. De hecho, uno de los frentes donde se juega la razón de ser de lo *sagrado* y, por consiguiente, el *sentido* que puede empapar nuestra existencia es el que se sitúa entre lo sagrado puesto en los derechos inviolables de ciudadanas y ciudadanos —inviolabilidad que, según Lévinas, lleva a entender la dignidad como, más allá incluso de la sacralidad, lo *santo* en cada individuo—,[62] o, como recuerda Wendy Brown, lo sagrado puesto en la intangibilidad de la (supuesta) soberanía del Estado, residuo criptoteológico que permanece enquistado incluso en Estados democráticos, con riesgo de derivas autoritarias o desembocaduras totalitarias a partir de ello.[63]

Siendo así, y dado que la *alteridad* más concreta y efectiva, sobre la que se asienta la que constituyen unas culturas respecto de otras, es la que entrañan unos humanos respecto de otros, el compromiso con la verdad que activa los diálogos interhumanos no puede sino basarse en el *respeto incondicionado a la dignidad* de todos y cada uno, allende las fronteras culturales. Es ahí donde radica esa sacralidad sobre la cual pueden confluir ecuménicamente las diferentes tradiciones religiosas y culturales, haciendo converger los «caminos del reconocimiento» a situar el *sentido*

61   L. Ferry, *El hombre-Dios o el sentido de la vida*, Barcelona, Tusquets, 1997, pp. 179 ss., 190-195; J.A. Pérez Tapias, *Claves humanistas para una educación democrática*, Madrid, Anaya, 1996, pp. 214 ss.
62   E. Lévinas, *Totalidad e infinito, op. cit.*, p. 209; *De otro modo que ser, op. cit.*, p. 115.
63   W. Brown, *Estados amurallados, soberanía en declive*, Barcelona, Herder, 2015, pp. 87 ss., 152 ss.

de nuestra común *humanidad* en el respeto incondicional a esa dignidad humana en la que desemboca una reciprocidad madura,[64] que puede hacerse cargo de la misma prioridad ética del otro, subrayada por Lévinas, en la medida en que su interpelación siempre convoca a la responsabilidad moral de cada uno.

El *compromiso con la verdad*, punto de engarce entre pretensiones de verdad y cuestiones de dignidad, pone en primer plano que no puede haber interés por la verdad disociado de los empeños solidarios y emancipatorios por la libertad y la justicia.[65] Estos, a su vez, como reverso de *verdad práctica*, que da *sentido* a los otros sentidos de «verdad», nos ponen frente a la verdad de la miseria y el sufrimiento humanos, esa que «el espíritu de la mentira» —expresión del cuarto evangelio utilizada por Ricœur— siempre trata de ocultar, y nos hacen afinar el oído para mantenernos a la escucha de esa *revelación del otro* en la que se juega más profundamente qué sea la verdad que en el tan perseguido desvelamiento del Ser —de haber «filosofía primera», centrada en la justificación de pretensiones de verdad, que sea, pues, la metafísica como ética—.[66] Por ahí, por los caminos abiertos del diálogo compartido, podremos dar con esa verdad que, además de liberarnos de la locura, nos puede salvar de la *barbarie*.

64 P. Ricœur, *Caminos del reconocimiento*, Madrid, Trotta, 2005, pp. 163 ss.
65 E. Lévinas, *Totalidad e infinito*, *op. cit.*, pp. 83-112.
66 *Ibid.*, pp. 102, 308.

Bibliografía

ADORNO, T.W., *Minima moralia. Reflexiones desde la vida dañada*, Madrid, Taurus, 1987.

ALCÁNTARA, M., *El oficio de político*, Madrid, Tecnos, 2013.

ALÍ, T., «La debacle afgana», *Sinpermiso*, 17 de agosto de 2021 https://www.sinpermiso.info/textos/la-debacle-afgana.

APEL, K.-O., «La filosofía de las instituciones de A. Gehlen y la metainstitución del lenguaje», *La transformación de la filosofía*, tomo I, Madrid, Taurus, 1985.

—, «La transformación de la filosofía», en *La transformación de la filosofía,* tomo I, Madrid, Taurus, 1985.

—, *Teoría de la verdad y ética del discurso*, Barcelona, Paidós, 1991.

ARAGÜÉS, J.M., *De la vanguardia al cyborg. Una mirada a la filosofía actual*, Zaragoza, Universidad de Zaragoza, 2020.

—, «Sacristán, lector de Sartre», en M. Sacristán, *Sobre Jean-Paul Sartre*, Zaragoza, Universidad de Zaragoza, 2021.

ARENDT, H., *Sobre la revolución*, Madrid, Alianza, 1988.

—, «Labor, trabajo, acción», en *De la historia a la acción*, Barcelona, Paidós, 1995.

—, «Verdad y política», en *Entre el pasado y el futuro. Ocho ejercicios sobre la reflexión política*, Barcelona, Península, 1996.

—, «Introducción a la política II», en *¿Qué es la política?*, Barcelona, Paidós, 1997.

—, *Los orígenes del totalitarismo*, Madrid, Taurus, 1999.

—, *La promesa de la política*, Barcelona, Paidós, 2008.

ARISTÓTELES, *Política*, tomo I, Barcelona, Orbis, 1985.

—, *Retórica*, Madrid, Gredos, 1997.

AUGÉ, M., *Hacia una antropología de los mundos contemporáneos*, Barcelona, Gedisa, 1995.

BALIBAR, E., *Derecho de ciudad. Cultura y política en democracia*, Buenos Aires, Nueva Visión, 2004.

BAUDRILLARD, J., *Cultura y simulacro*, Barcelona, Kairós, 2005.

BAUMAN, Z., *La modernidad y sus descontentos*, Madrid, Akal, 2001.

BENHABIB, S., *El Ser y el Otro en la ética contemporánea. Feminismo, comunitarismo y posmodernismo*, Barcelona, Gedisa, 2015.

BOURDIEU, P., *Intelectuales, política y poder*, Buenos Aires, Eudeba, 2012.

BRAIDOTTI, R., *Lo Posthumano*, Barcelona, Gedisa, 2015.

—, *El conocimiento posthumano*, Barcelona, Gedisa, 2020.

BREEUR, R., *L.I.S. Lies-Imposture-Stupidity*, Vilna, Jonas ir Jokübas, 2019.

BRONCANO, F., *Puntos ciegos. Ignorancia pública y conocimiento privado*, Madrid, Lengua de Trapo, 2019.

BROWN, W., *Estados amurallados, soberanía en declive*, Barcelona, Herder, 2015.

BUTLER, J., *Deshacer el género*, Barcelona, Paidós, 2006.

CAMPS, V., «Posverdad, la nueva sofística», en J. Ibáñez y M. Maldonado, (coords.), *En la era de la posverdad*, Barcelona, Calambur, 2017.

CARROLL, L., *A través del espejo y lo que Alicia encontró al otro lado*, Madrid, Alianza, 2007.

CASTORIADIS, C., *Sobre* El político *de Platón*, Madrid, Trotta, 2004.

CASTRO ORELLANA, R., *Poshegemonía. El final de un paradigma de la filosofía política en América Latina*, Madrid, Biblioteca Nueva, 2015.

CEREZO, P., *El diálogo, la razón civil*, Granada, Editorial Universidad de Granada, 2019.

CHOMSKY, N., «Si no paras de decir mentiras, el concepto de verdad simplemente desaparece», Entrevista con Amy Goodman, *Contexto y Acción*, 19 de abril de 2020, https://ctxt.es/es/20200401/Politica/31960/noam-chomsky-trump-sanidad-pandemia-mentiras-sociopatas.htm

COLLI, G., *El nacimiento de la filosofía*, Barcelona, Tusquets, 1987.

CONILL, J., *El poder de la mentira. Nietzsche y la política de la transvaloración*, Madrid, Tecnos, 1997.

CORTINA, A., *Ética aplicada y democracia radical*, Madrid, Tecnos, 1993.

DEBORD, G., *La sociedad del espectáculo*, Valencia, Pre-Textos, 2007.

DERRIDA, J., *Políticas de la amistad*, Madrid, Trotta, 1998.

DI CESARE, D., *Sobre la vocación política de la filosofía*, Barcelona, Gedisa, 2021.

DUCH, L., *Mito, interpretación y cultura*, Barcelona, Herder, 1998.

DUQUE, F., *En torno al humanismo. Heidegger, Gadamer, Sloterdijk*, Madrid, Tecnos, 2002.

DUSSEL, E., *Filosofías del Sur. Descolonización y transmodernidad*, México, Akal, 2015.

ECHEVERRÍA, B., *El discurso crítico de Marx*, México, FCE, 2017.

ECHEVERRÍA, J., *Los señores del aire: Telépolis y el tercer entorno*, Barcelona, Destino, 1993.

ELLACURÍA, I., *Filosofía de la realidad histórica*, Madrid, Trotta, 1991.

ESPOSITO, R., *Confines de lo político*, Madrid, Trotta, 1996.

FASSIN, E., *Populismo de izquierdas y neoliberalismo*, Barcelona, Herder, 2018.

FERNÁNDEZ BUEY, F., «Una reflexión sobre el dicho gramsciano "decir la verdad es revolucionario"», Associació d'estudis gramscians de Catalunya, 24 de julio de 2020 https://gramsci.cat/una-reflexion-sobre-el-dicho-gramsciano-decir-la-verdad-es-revolucionario/

FERNÁNDEZ LIRIA, C., *En defensa del populismo*, Madrid, La Catarata, 2016.

FERRAJOLI, L., *Poderes salvajes. La crisis de la democracia constitucional*, Madrid, Trotta, 2013.

FERRARIS, M., *Posverdad y otros enigmas*, Madrid, Alianza, 2019.

FERRY, L., *El hombre-Dios o el sentido de la vida*, Barcelona, Tusquets, 1997.

FINIS, G. de, «La filosofía y el espejo de la cultura. Relativismo y método antropológico en Wittgenstein», en S. Giner y R. Scartezzini (eds.), *Universalidad y diferencia*, Madrid, Alianza, 1996.

FORNARI, E., *Líneas de frontera. Filosofía y postcolonialismo*, Barcelona, Gedisa, 2017.

FOUCAULT, M., *El gobierno de sí y de los otros. Curso del Collège de France (1982-1983)*, Madrid, Akal, 2011.

—, *El coraje de la verdad. El gobierno de sí y de los otros II. Curso del Collège de France (1983-1984)*, Madrid, Akal, 2014.

FREUD, S., *El malestar en la cultura*, Madrid, Alianza, 1978.

FROMM, E., «Profetas y sacerdotes», en *Sobre la desobediencia y otros ensayos*, Barcelona, Paídós, 1984.

GADAMER, H.-G., «¿Qué es la verdad?», en *Verdad y método II*, Salamanca, Sígueme, 1992.

GARCÉS, M., «Distancias próximas. Libertad y universalidad en un mundo común», en M. Seguró y D. Innerarity (eds.), *¿Dónde vas Europa?*, Barcelona, Herder, 2017.

GARCÍA GONZÁLEZ, D.E., *Del poder político al amor al mundo*, México, Porrúa, 2005.

—, *El sentido común. Reflexiones ético-políticas*, México, Plaza y Valdés, 2014.

GEERTZ, C., *Los usos de la diversidad*, Barcelona, Paidós, 1996.

GLUCKSMANN, A., *El undécimo mandamiento. ¿Es posible ser moral?*, Barcelona, Península, 1993.

GOLEMAN, D., *Inteligencia emocional*, Barcelona, Kairós, 1996.

GOMÁ, J., *Ingenuidad aprendida*, Barcelona, Galaxia Gutenberg, 2011.

—, *Filosofía mundana*, Barcelona, Galaxia Gutenberg, 2016.

GRACIÁN, B., «El político», en *Obras completas*, Madrid, Aguilar, 1967.

GRAY, J., *Enlightenment's Wake. Politics and Cultures at the Close of Modern Age*, Londres, Routledge, 1995.

GROSFOGUEL, R., «La descolonización de la economía política y los estudios poscoloniales: transmodernidad, pensamiento descolonial y colonialidad global», en B. de Sousa Santos, y M.P. Meneses (eds.), *Epistemologías del Sur (Perspectivas)*, Madrid, Akal, 2014.

HABERMAS, J., *La reconstrucción del materialismo histórico*, Madrid, Taurus, 1981.

—, *Perfiles filosófico-políticos*, Madrid, Taurus, 1984.

—, «La filosofía como vigilante (Platzhalter) e intérprete», en *Conciencia moral y acción comunicativa*, Barcelona, Península, 1985.

—, *Historia y crítica de la opinión pública*, México, Gustavo Gili, 1986.

—, *Teoría de la acción comunicativa II*, Madrid, Taurus, 1987.

—, «La modernidad. Un proyecto inacabado», en *Ensayos políticos*, Barcelona, Península, 1988.

—, *Problemas de legitimación en el capitalismo tardío*, Buenos Aires, Amorrortu, 1989.

—, «Teorías de la verdad», en *Teoría de la acción comunicativa: complementos y estudios previos*, Madrid, Cátedra, 1989.

—, *Pensamiento postmetafísico*, Madrid, Taurus, 1990.

—, *La necesidad de revisión de la izquierda*, Madrid, Tecnos, 1991.

—, *Facticidad y validez. Sobre el derecho y el Estado democrático de derecho en términos de teoría del discurso*, Madrid, Trotta, 1998.

—, «"Israel o Atenas o ¿a quién pertenece la razón anamnética": Johann Baptist Metz y la unidad en la diversidad multicultural», en *Fragmentos filosófico-teológicos*, Madrid, Trotta, 1999.

—, *Entre naturalismo y religión*, Barcelona, Paidós, 2006.

—, *¡Ay, Europa!*, Madrid, Trotta, 2009.

HAN, B.-C., *Psicopolítica. Neoliberalismo y nuevas técnicas de poder*, Barcelona, Herder, 2021.

HEGEL, G.W.F., *Fenomenología del espíritu*, México, FCE, 1966.

HONNETH, A., *Patologías de la razón. Historia y actualidad de la teoría crítica*, Barcelona, Katz, 2009.

HORKHEIMER, M., *Historia, metafísica y escepticismo*, Madrid, Alianza, 1982.

—, «El anhelo de lo totalmente otro», en *Anhelo de justicia. Teoría crítica y religión*, Madrid, Trotta, 2000.

—, *Crítica de la razón instrumental*, Madrid, Trotta, 2002.

HUNTINGTON, S.P., *El choque de civilizaciones y la reconfiguración del orden mundial*, Barcelona, Paidós, 1997.

KAKUTANI, M., *La muerte de la verdad. Notas sobre la falsedad en la era de Trump*, Barcelona, Galaxia Gutenberg, 2019.

KANT, I., *Crítica de la razón práctica*, Madrid, Austral, 1981.

—, *Crítica de la razón pura*, Madrid, Alfaguara, 1995.

KEYES, R., *The Post-Truth Era. Dishonesty and Deception in Contemporary Life*, Nueva York, St. Martin's Press, 2004.

LACLAU, E., *La razón populista*, Buenos Aires, FCE, 2005.

LAFONT, C., «Verdad, saber y realidad», en J.A. Gimbernat (ed.), *La filosofía moral y política de Jürgen Habermas*, Madrid, Biblioteca Nueva, 1997.

—, *Democracia sin atajos. Una concepción participativa de la democracia deliberativa*, Madrid, Trotta, 2021.

LAZZARATO, M., *Signos y máquinas. El capitalismo y la producción de la subjetividad*, Madrid, Enclave de Libros, 2020.

LEFORT, C., *El arte de escribir y lo político*, Barcelona, Herder, 2007.

LÉVINAS, E., *De otro modo que ser o más allá de la esencia*, Salamanca, Sígueme, 1987.

—, *Humanismo del otro hombre*, Madrid, Caparrós, 1993.

—, *Totalidad e infinito. Ensayo sobre la exterioridad*, Salamanca, Sígueme, 1995.

LÉVI-STRAUSS, C., «Raza e historia», en *Raza y cultura*, Madrid, Cátedra, 1993.

LEVITIN, D. J., *La mentira como arma. Cómo pensar críticamente en la era de la posverdad*, Madrid, Alianza, 2019.

MAALOUF, A., *Identidades asesinas*, Madrid, Alianza, 1999.

MACHADO, A., *Poesía completa*, Barcelona, Planeta, 2001.

MAQUIAVELO, N., *El príncipe*, Barcelona, Orbis, 1983.

MARANTZ, A., *Antisocial. La extrema derecha y la «libertad de expresión» en internet*, Madrid, Capitán Swing, 2021.

MARQUÉS, N.F., *Fake news de la Antigua Roma. Engaños, propaganda y mentiras de hace 2000 años*, Barcelona, Planeta, 2019.

Marx, K., *El capital*, vol. I, México, FCE, 1975.

— y Engels, F., *La ideología alemana*, Madrid, Akal, 2014.

MBEMBE, A., *Crítica de la razón negra. Ensayo sobre el racismo contemporáneo*, Barcelona, Futuro Anterior/NED, 2016.

MCINTYRE, L., *Posverdad*, Madrid, Cátedra, 2018.

MIŁOSZ, C., *La mente cautiva*, Barcelona, Galaxia Gutenberg, 2016.

MINC, A., *Una historia política de los intelectuales*, Barcelona, Duomo, 2012.

MONEREO, J.L., «La construcción de la hegemonía en Gramsci: La política como lucha por la hegemonía», en *Materialismo histórico, filosofía y política moderna*, Granada, Comares, 2017.

MORAÑA, M., *Crítica impura. Estudios de literatura y cultura latinoamericanas*, Madrid, Iberoamericana, 2004.

—, *Filosofía y crítica en América Latina. De Mariátegui a Sloterdijk*, Santiago de Chile, Metales Pesados, 2018.

MORENO PESTAÑA, J.L., *Retorno a Atenas. La democracia como principio antioligárquico*, Madrid, Siglo XXI, 2019.

MOUFFE, C., *La paradoja democrática. El peligro del consenso en la política contemporánea*, Barcelona, Gedisa, 2012.

NANCY, J.-L., *El olvido de la filosofía*, Madrid, Arena Libros, 2003.

NIETZSCHE, F., *Más allá del bien y del mal*, Madrid, Alianza, 1983.

—, «Sobre verdad y mentira en sentido extramoral», en H. Vaihinger y F. Nietzsche, *La voluntad de ilusión en Nietzsche/Sobre verdad y mentira en sentido extramoral*, Madrid, Tecnos, 1990.

—, *Sobre verdad y mentira en sentido extramoral*, Madrid, Tecnos, 1994.

NOELLE-NEUMANN, E., *La espiral del silencio. Opinión pública: nuestra piel social*, Barcelona, Paidós, 1995.

Offe, C., *Contradicciones en el Estado de bienestar*, Madrid, Alianza, 1988.

Onfray, M., *La comunidad filosófica*, Barcelona, Gedisa, 2008.

Ortega y Gasset, J., «Mirabeau o el político», en *Obras completas*, tomo IV, Madrid, Taurus, 2005.

— «Crisis del intelectual y crisis de la inteligencia», en *Obras completas,* tomo VI, Madrid, Taurus, 2006.

Orwell, G., *1984*, Barcelona, Destino, 1998.

—, *El poder y la palabra. Diez ensayos sobre lenguaje, política y verdad*, Barcelona, Debate, 2017.

Pagés, A., *Cenar con Diotima. Filosofía y feminidad*, Barcelona, Herder, 2018.

Pereda, C., *Razón e incertidumbre*, México, Siglo XXI, 1994.

Pérez Tapias, J.A., «Alcance y límites de nuestros acuerdos. Verdad y sentido desde el pluralismo cultural», en M.J. Frápolli y J.A. Nicolás, *Experiencia y verdad*, Granada, Comares, 1999.

—, *Claves humanistas para una educación democrática*, Madrid, Anaya, 1996.

—, «Filosofía y opinión pública», en J.A. Pérez Tapias y J.A. Estrada (coords.), *Para qué Filosofía*, Granada, Editorial Universidad de Granada, 1996.

—, *Internautas y náufragos. La búsqueda del sentido en la cultura digital*, Madrid, Trotta, 2003.

—, «Hermenéutica de las tradiciones y diálogo entre culturas. Aportaciones desde Gadamer», en J.J. Acero, J.A. Nicolás, J.A. Pérez Tapias, L. Sáez y J. Zúñiga (eds.), *El legado de Gadamer*, Granada, Universidad de Granada, 2004.

—, *Del bienestar a la justicia. Aportaciones para una ciudadanía intercultural*, Madrid, Trotta, 2007.

—, *Argumentos contra la antipolítica*, Granada, Editorial Universidad de Granada, 2008.

—, «Las culturas y su sentido. Interculturalidad y metafísica», en R. Alcalá Campos (coord.), *Los caminos de la interculturalidad.*

Homenaje a Luis Villoro, México, Porrúa/Tecnológico de Monterrey, 2015.

—, «¿Es posible el diálogo intercultural tras siglos de injusticia? Propuestas de interculturalidad democrática», en D.E. García y R. Alcalá (coords.), *Interculturalidad: valores y valoración*, México, UNAM/FES Acatlán, 2016.

—, «Filosofía y política en los momentos "fundacionales". Una mirada retrospectiva junto a Hannah Arendt», *Letral. Revista electrónica de Estudios Transatlánticos de Literatura* 16, 2016, http://hdl.handle.net/10481/59009

—, *La insoportable contradicción de una democracia cínica*, Granada, Editorial Universidad de Granada, 2016.

—, *Universidad y humana dignidad. Verdades de las Letras frente al mercado de la posverdad*, Granada, Universidad de Granada, 2018.

—, *Europa desalmada. ¿Qué hacer con la Unión Europea?*, Madrid, Lengua de Trapo, 2019.

—, *Ser humano. Cuestión de dignidad en todas las culturas*, Madrid, Trotta, 2019.

—, «Tras el sentido de la cultura con Marc Augé», *Anthropos*, 252, 2019.

—, «Y Trump se ahogó en su posverdad. Sobre el valor político de la verdad», *Contexto y Acción*, 9 de noviembre de 2020, https://ctxt.es/es/20201101/Firmas/34092/Trump-posverdad-elecciones-Estados-Unidos-Jose-Antonio-Perez-Tapias.htm

—, «Sobre la conveniencia de una escuela con Ética», *Contexto y Acción*, 26 de noviembre de 2020, https://ctxt.es/es/20201101/Firmas/34210/escuela-etica-ley-celaa-jose-antonio-perez-tapias.htm

—, «El "homo religiosus" y su búsqueda de razones», *Gazeta de Antropología* 37, 2021, http://www.gazeta-antropologia.es/?p=5528

—, «Posverdad carnavalesca en tiempo de pandemia. A propósito del cinismo que inunda la política española», *Contexto y*

Acción, 31 de marzo de 2021 https://ctxt.es/es/20210301/
Firmas/35496/carnaval-politica-cinismo-posverdad.htm

PHELAN, A., «Algunas teorías de Weimar sobre el intelectual», en
El dilema de Weimar. Los intelectuales en la República de Weimar,
Valencia, Alfons El Magnànim, 1990.

PLATÓN, *Leyes*, en *Diálogos VIII*, Madrid, Gredos, 2006.

—, *Apología de Sócrates*, en *Diálogos I*, Madrid, Gredos, 2000.

—, *Critón*, en *Diálogos I*, Madrid, Gredos, 2000.

—, *Gorgias*, en *Diálogos II*, Madrid, Gredos, 2000.

—, *El político*, en *Diálogos V*, Madrid, Gredos, 2000.

—, *La República*, Madrid, Alianza, 1990.

POLO, H., «Stefan Zweig, en un café vienés», *El Viejo Topo* 361,
22 de febrero de 2018, rebelion.org.

POPPER, K.R., *La sociedad abierta y sus enemigos*, Barcelona, Paidós,
2010.

PUTNAM, H., *Razón, verdad e historia*, Madrid, Tecnos, 1988.

RAMA, A., *La ciudad letrada*, Santiago de Chile, Tajamar, 2004.

RAMÍREZ, M. T., *Humanismo para una nueva época. Ensayos sobre el
pensamiento de Luis Villoro*, México, Siglo XXI, 2011.

—, «Sabiduría y comunidad. Correspondencias entre la epistemología y la filosofía política de Luis Villoro», en *Luis Villoro.
Pensamiento y vida*, México, Siglo XXI, 2014.

RANCIÈRE, J., *El desacuerdo. Política y filosofía*, Buenos Aires, Nueva
Visión, 1996.

—, *El tiempo de la igualdad. Diálogos sobre política y estética*, Barcelona, Herder, 2011.

—, *El odio a la democracia*, Buenos Aires, Amorrortu, 2012.

RASHID, A., *Descenso al caso. EEUU y el fracaso de la construcción nacional en Pakistán, Afganistán y Asia Central*, Barcelona, Península, 2009.

RAWLS, J., *El liberalismo político*, Barcelona, Crítica, 1996.

RICŒUR, P., *Finitud y culpabilidad*, Madrid, Taurus, 1982.

—, *Caminos del reconocimiento*, Madrid, Trotta, 2005.

—, *Historia y verdad*, Buenos Aires, FCE, 2015.

—, «Verdad y mentira», en *Historia y verdad*, Buenos Aires, FCE, 2015.

RORTY, R., *La filosofía en el espejo de la naturaleza*, Madrid, Cátedra, 1989.

—, *Consecuencias del pragmatismo*, Madrid, Tecnos, 1996.

—, *Objetividad, relativismo y verdad*, Barcelona, Paidós, 1996.

—, *Forjar nuestro país. El pensamiento de izquierdas en los Estados Unidos del siglo XX*, Barcelona, Paidós, 1999.

ROSANVALLON, P., *La contrademocracia. La política en la era de la desconfianza*, Buenos Aires, Manantial, 2007.

SABATO, E., *Antes del fin*, Barcelona, Seix Barral, 2002.

SAFATLE, V., *Cinismo e falencia da crítica*, San Pablo, Boitempo, 2008.

SALMON, C., *Storytelling. La máquina de fabricar historias y formatear mentes*, Barcelona, Península, 2008.

SÁNCHEZ VÁZQUEZ, A., *Una trayectoria intelectual comprometida*, México, UNAM, 2006.

SAND, S., *¿El fin del intelectual francés? De Zola a Houellebecq*, Madrid, Akal, 2017.

SANDEL, M.J., *Filosofía pública. Ensayos sobre moral en política*, Barcelona, Marbot, 2008.

SARTORI, G., *Elementos de teoría política*, Madrid, Alianza, 1992.

SAUQUILLO, J., *Poder, saber y subjetivación*, Madrid, Alianza, 2017.

SCARTEZZINI, R., «Las razones de la universalidad y de la diferencia», en S. Giner y R. Scartezzini (eds.), *Universalidad y diferencia*, Madrid, Alianza, 1996.

SEGURÓ, M., *Sendas de finitud. Analogía y diferencia*, Barcelona, Herder, 2015.

SENNETT, R., *El declive del hombre público*, Barcelona, Anagrama, 2011.

SLOTERDIJK, P., *Crítica de la razón cínica*, Madrid, Siruela, 2006.

—, *En el mundo interior del capital. Para una teoría filosófica de la globalización*, Madrid, Siruela, 2007.

—, *Ira y tiempo. Ensayo psicopolítico*, Madrid, Siruela, 2010.

SNYDER, T, *On Tyranny: Twenty Lessons from the 20th Century*, Nueva York, Tim Duggan Books, 2017.

—, *El camino hacia la no libertad*, Barcelona, Galaxia Gutenberg, 2018.

SOUSA SANTOS, B. de, *El fin del imperio cognitivo. La afirmación de las epistemologías del Sur*, Madrid, Trotta, 2019.

— y MENESES, M.P. (eds.), *Epistemologías del Sur*, Madrid, Akal, 2014. TAMAYO, J.J., *La internacional del odio. ¿Cómo se construye? ¿Cómo se deconstruye?*, Madrid, Icaria, 2020.

TOVAR, A., *Vida de Sócrates*, Barcelona, Círculo de Lectores, 1986.

VALLEJO, A., *Mito y persuasión en Platón*, Suplementos de Er. Revista de Filosofía, Sevilla, 1993.

—, *Adonde nos lleve el Logos. Para leer la República de Platón*, Madrid, Trotta, 2018.

VALLESPÍN, F. y BASCUÑÁN, M.M., *Populismos*, Madrid, Alianza, 2017.

VATTIMO, G., *La sociedad transparente*, Barcelona, Paidós, 1990.

—, «Metafísica, violencia y secularización», en *La secularización de la filosofía. Hermenéutica y posmodernidad*, Barcelona, Gedisa, 1992.

—, *Adiós a la verdad*, Barcelona, Gedisa, 2010.

VILLACAÑAS, J.L., «La filosofía y la formación de la opinión pública», en J.A. Pérez Tapias y J.A. Estrada (eds.), *¿Para qué filosofía?*, Granada, Editorial Universidad de Granada, 1996.

—, *Populismo*, Madrid, La Huerta Grande, 2015.

VILLORO, L., *El poder y el valor. Fundamentos de una ética política*, México, FCE, 1997.

WALLERSTEIN, I., *El capitalismo histórico*, Madrid, Siglo XXI, 2012.

WALZER, M., *Moralidad en el ámbito local e internacional*, Madrid, Alianza, 1996.

—, *Pensar políticamente*, Barcelona, Paidós, 2010.

WEBER, M., «La política como vocación», en *El político y el científico*, Madrid, Alianza, 1998.

WELLMER, A., *Finales de partida. La modernidad irreconciliable*, Madrid, Cátedra, 1996.

—, «La disputa por la verdad. Pragmatismo sin ideas regulativas», en *Líneas de fuga de la modernidad*, Buenos Aires, FCE, 2013.

WILDE, O., *La decadencia de la mentira. Un comentario*, Barcelona, Acantilado, 2014.

WITTGENSTEIN, L., *Tractatus Logico-Philosophicus*, Madrid, Alianza, 1973.

XOLOCOTZI, A., GIBUY, R. y SANTANDER, J.R. (coords.), *La fragilidad de la política. Ensayos fenomenológicos y hermenéuticos*, Puebla, Aldus, 2015.

ZAMBRANO, M., *Los intelectuales en el drama de España y otros escritos de la guerra civil*, Madrid, Trotta, 1998.

ŽIŽEK, S., *El sublime objeto de la ideología*, Madrid, Siglo XXI, 2010.

—, *En defensa de causas perdidas*, Madrid, Akal, 2011.

—, *Porque no saben lo que hacen. El* sinthome *ideológico*, Madrid, Akal, 2017.

—, *Contra la tentación populista*, Buenos Aires, Godot, 2019.